G. E. v. グルーネバウム

イスラームの祭り

嶋本 隆光 監訳／伊吹 寛子 訳

法政大学出版局／イスラーム文化叢書　5

両親へ

目次

凡例

一、本書は、G. E. von Grunebaum, *MUHAMMADAN FESTIVALS* (First published 1951) の全訳である。

一、原著の挿図は、訳者の判断により一部を割愛し、差し替え、あるいは追加した。

一、コーランの引用部分の訳はすべて、井筒俊彦訳『コーラン』(上・中・下、岩波文庫、一九六四年)によった。なお、[　]内も井筒氏による注記である。

一、訳注は行間に＊を付して示し、該当するパラグラフの後に挿入した。また、簡単なものは文中に〔×××—訳者〕の形で挿入した。

一、引用文中の〈　〉内は、原著者グルーネバウムによる注記である。

序

本書の著者故グスタフ・エドモンド・フォン・グルーネバウム（一九〇九―七二）は、現代の東洋学者の中で卓越した存在である。彼は晩年、イスラームの歴史の知的・文化的側面、厳密に言えば、今日、イスラームの信者が西洋との接触、あるいは西洋への反発を通して感じるようになった、民族意識と帰属意識の問題に関心を寄せていた。そしてそれらを常に、忍耐と共感と洗練された知性を駆使して考察した。この点は彼がハプスブルク家とその後継者の雰囲気が漂うヨーロッパ中部のオーストリアで生まれ育ち、一九三八年二九歳のときに、まったく環境の異なるアメリカ合衆国に移住したことを考えると、十分納得のいくことである。

複雑で微妙な思想の流れ、たとえば古典あるいは近代の西洋文化と、中東文化との相互作用などについて記すとき、グルーネバウムが用いた英語の文体は、しばしば非常に難解である。それはドイツ語の堅苦しい表現とアメリカの社会学の術語を、最も不快感を与える方法で組み合わせたかのようである。しかし彼が最後の安息所としたロサンジェルスのカリフォルニア大学近東研究センターに移籍前、すなわちシカゴ大学東洋研究所に在職中に記した本書『イスラームの祭り』の読者には、グルーネバウムの難解な文体が、彼の通常の手法ではなく、思想史の複雑な問題を論じる際に、好ましい手段として意図的に採用された手法であることを十分ご理解いただけると思う。本書で用いられている表現はきわめて簡潔で、率直、明快である。また文献として、中世のアラビア語によるもの、メッカ巡礼に関する近世のアラブの著述家や、中東を旅して、現地の習俗や暮らしを観察したヨーロッパ人によるものなど、非常に広汎におよぶ文献が、簡潔にまとめられていることから、著者の高い学識がうかがわれる。

本書の「はじめに」の冒頭に見られるように、イスラームの宗教上の祭りおよび記念行事の施行方法は非常に多様で、西洋の研究者にとって本格的な総合研究は困難をきわめる。地理的にもモロッコ、中央アジア、インドネシアなど、地域によって宗教的情熱の具体的な表現形体に、無数の変形が予想される。文化的にも同じことが考えられる。イスラームはバルカン諸国、ブラックアフリカまたはインド－パキスタン亜大陸で既存の土着宗教に出会った際、諸派統合の傾向を示したので、既存の儀礼は、形体も、背後に存在した迫力に富む気質も共に影響を受けた。きわめて複雑なイスラームを包括的に論じようとすれば、地理、民族、文化についての考察が必要で、おそらくフレーザーの『金枝篇』にも匹敵する規模の研究を余儀なくされるであろう。

したがってグルーネバウムは本書の焦点を、イスラームの宗教的慣習の基盤である、いわゆる「イスラームの柱」に関するものに絞った――サラート（礼拝）、ハッジュ（メッカへの巡礼）、サウム（ラマダーン月の断食）である。また、イスラームの民間信仰に見られる一介の人間ムハンマドに対する崇拝について意義深い説明をし、同時に、ミーラードすなわちマウリド・アッ・ナビー（誕生日）

など、ムハンマドの生涯にまつわる主な行事にも言及している。さらに、イスラーム世界全土に広がる各地の聖者崇拝にも目を向けて、無数に存在する聖者の墓や廟を参詣する習慣にもふれている。信者はそれらを参詣して日常生活の悩みの解決に援助を乞うだけでなく、死後、ヤウム・アル・ハシュル（集合の日）に復活して最後の審判を受けるときに、とりなしてもらえるように祈るのである。宗教的慣習の比較研究者は、かつてのキリスト教圏であるパレスティナ、アナトリア、バルカン諸国などにイスラーム以前に存在し、イスラームの底流を成している信仰と、イスラームとの間に、信仰心と行動の連続性があることに気づかされる。最後にフォン・グルーネバウムは一章を追加して、殉教とアリー一族への服喪を強調しながら、シーア派が示す情緒性の独特の形態について述べると共に、西洋の文学作品に比肩するイスラームの数少ないドラマの一つである、受難劇《タアズィーエ》の特徴についても記している。

著者は五章のそれぞれに、簡潔な参考文献表を添えている。本書が記された一九五一年から今日までの四半世紀に、多数のイスラームの祭儀に関する文献が出版されているが、それらに紙数を割くことは控えたい。概論としてはJohn B. Taylor, *Middle East and Islam, a Bibliographical Introduction*, ed. Derek Hopwood and Diana Grimwood-Jones, Inter Documentation Co. AG, Zug 1972, pp. 102–17 のイスラームに関する項目と、現在Kまで仕上がっている *Encyclopaedia of Islām*, Leiden-London, 1960– の新版の該当項目を参照されたい。ただ昨今、男女同権が強調され、女性が社会における正当な位置づけを求めていることから、次の興味深い二点の著作を追加することをお許しいただきたい。一点は *Life with Ali,* Angus and Robertson, Sydney, 1969である。これは、インド人のイスラーム教徒の妻で、白人との混血の中国人である著者が、一九七二年にオーストラリアからメッカに巡礼した次第を述べたものである。いま一点がイスラーム教に改宗したアメリカ人の物語で、Michael E. Jansen, "An American Girl on the Hajj", *Aramco World magazine,* XXV/6 (Nov.-Dec., 1974), pp. 31-9である。

C・E・ボズワース

一九七六年　　マンチェスターにて

はじめに

　これまで西洋では、イスラーム世界の宗教上の祭りに関して、他の宗教に関するほど体系的な研究が行なわれていない。しかしそれは、おそらく驚くに値しない。イスラームの祭りは多様で、解釈のための資料が膨大なうえ、それらの祭りが何世紀にもわたって世界各地で行なわれてきたことから、歴史的にも、思想的にも、非常に複雑である。それらを、単純に体系化することは容易ではなく、西洋の研究者で、これまで試みた者もいない。

　したがって筆者は、イスラームの祭りの完璧な研究というような、大それたことは考えていない。本書の狙いは、イスラームの特定の宗派・時期・あるいは国民の特性を記すことではなく、イスラームの儀式に見られる本質的で典型的な要素を記すこと、すなわち、宗教の規定するところを守り、祈禱・巡礼・聖者崇拝などを実践する典型的なイスラーム信者の姿を示すことである。

　本書には、イスラームの中心から離れた地域に見られる、民間伝承によって生み出された地方色の濃いさまざまな習慣よりもむしろ、典型的なイスラーム教徒の多様な宗教経験が示されている。一三世紀余におよぶイスラーム教徒の生活の諸局面にかんする筆者の考察を通して、読者諸賢に、イスラーム教徒の経験の中には歴史的・思想的にさまざまな、起源を異にする諸要素が共存することを認識していただければさいわいである。そのような異なった要素が統合された結果、イスラーム文化は特殊な生活様式と思考形態を持つようになり、それらの諸要素結合の実体が、イスラームの祭りの多様性の中に顕著にまた具体的に示されていると思われる。

本書では、挿図を補い、解説が抽象的にならないようにした。ミニアチュールの選択の際に惜しみないご援助を賜わった、ワシントンDCのフリーア美術館のリチャード・エッティングハウゼン博士の御厚意に、心から感謝申し上げる。

イリノイ州シカゴにて　　G・E・v・G

1　イスラームの基盤
——祈禱と金曜礼拝

イスラームは古代社会の後進的な地域の一つで生まれた。徹底した一神教でピューリタン的様相を持つことと、イスラーム教徒が引きついだ文化遺産に美的限界があったことから、信者は情緒に乏しく肉体的に過酷な儀式に甘んじるようになった。他の宗教では年中行事に入念な儀式次第があるが、イスラームはそのようなものを作り出す要素を欠いていたか、あるいはむしろ意識的に拒否した。

組織だったイスラーム共同体が現れたのは、預言者ムハンマドが説教を開始してから一〇年も経たないときであった。その結果、イスラームは、イスラエル人の歴史は別として、アラブの歴史を、宗教的に記念すべき行事に、あるいはそれら行事の発展段階で、活用できなかった。しかもムハンマドは彼の同時代人がよく知っていたように、そして彼自身が常に強調していたように、一介の人間であった。彼の生涯には象徴的で曖昧なできごとは起こっていない。さらに、最後の晩餐で神の子イエスが示したような、二つの宗教的存在様式が一体化したかのように見えるできごとや、実例としてあるいは信者の経験を高揚させるために、再演を必要とするようなできごとも起こっていない。またイスラームは秘蹟《サクラメント》を認めていない。このことは、儀式の発展を妨げるもう一つの要因である。

そして最後に、イスラームは俗人の宗教であろうとした。聖職者階級がないことは、必然的に儀式の長さと複雑さを制限した。それはまた祭りの発達をも妨げ、イスラームの外見全般に、イスラーム神学からはるか昔に排除されたはずの、古風な純朴さとすら言いうる一風変わった単純な雰囲気を、時代を経て保持させる一因となった。

その結果、本来イスラームの暦には、祭りは二つしかない。巡礼、より正確に言えば巡礼の完遂を祝う祭りと、ラマダーン月の断食、というよりもむしろ、禁欲期間に終止符を打つ祭りともいうべきもの、の二つである。巡礼は、アラブが持っていた異教の慣習が発展したものであるが、断食は、ユダヤ－キリスト教的慣習を採用している。それらの祭り以外に、後に追加された祭りがあるが、それは共同体の中で宗教上の強調点が変化したことを反映している。また、国外の諸々の思想の影響を受けた祭りや、イスラーム成立以前の宗教的慣習の統合と説明できる祭りもあるかもしれない。

アブダッラーの息子ムハンマドは、西暦五七〇年ごろ、アラビア北西部で指導的役割を果たしていた交易都市、メッカで生まれた。高貴な部族に属するが落ちぶれた氏族の出身であることは、多くの改革者に特徴として見られる社会的要素である。

当時アラビアの偶像崇拝は神学として体系化されることもなく、神話の題材にもならないまま、すでに人々の心から離れ始めていたが、多少なりとも力があったとすれば、それは主として、諸部族の伝統尊重主義の影響であった。まさに人々の宗教への無関心さが、保守性を助長したのである。

そのころのアラビア半島を代表する宗教は、ユダヤ教とキリスト教である。ムハンマドと同時代の人々の記憶には、キリスト教徒のアビシニア〔現在のエチオピア—訳者〕人が、土着のイェメン王朝を打倒し併合したことが留まっていた。イェメン王朝はユダヤ教を採用して、短期間であったがキリスト教徒の住民を迫害していたのである。アビシニア人はその後メッカをも征服しようとして敗れ、ほどなくアラビア半島に持っていた足掛かりを、ペルシアに譲ったのである。

メッカには、ユダヤ教徒やキリスト教徒の組織だった共同体は、どのような規模のものであれ、存在していなかったようである。アラブ諸部族の有力者の中のユダヤ教徒、すなわち西暦二世紀にディアスポラ（国外離散）したユダヤ教徒に影響されてユダヤ教に改宗した人々は、北部のいくつかのオアシスに集まっていた。キリスト教徒としては、アラブの想像力をかきたてて詩歌の中で謡われた修道士がいたが、それ以上に多かったのが、メッカの住民の下層階級である他所者《よそ》や奴隷で、政治力はなかったが、無視できない存在であった。彼らは無教育で、キリスト教の教理に関する情報を十分に伝えられなかったし、メッカのユダヤ教徒も、トーラー（律法）の内容を正確に伝達できる人々ではなかった。しかしこれら二つの集団は、潜在的にあった一神教への流れを強化したし、ムハンマドが使命と感じて説いていた、より純粋で首尾一貫性の高い信条を明確にする手段として、単純な信条と、譬えに用い得る言い伝えを、提供したのである。

イスラームは、地中海以東に起源を持つ世界的宗教の中で、最後に生まれたものである。ユダヤ教とキリスト教の両者に酷似しているが、独立した創造物である。思考形体はユダヤ教よりもキリスト教に近く、事実、古来、キリスト教の神学者の中には、イスラームをキリスト教の邪教にすぎないと考える学者が多い。しかし実践面では、儀式も律法も、むしろユダヤ教に啓発されているようである。有能な権威者たちが解釈したものとして、啓示の定めに沿って、ほとんど関係のない細部に至るまで整理されたユダヤ人の良き生活についての見解が、イスラーム教徒が自らの宗教に期待するところを決定づけた。

イスラームの基本的な教理は数が少なく、しかも単純である。時代が下って一二世紀に、東洋よりもむしろ西洋に大きな影響を与えた偉大な哲学者アヴェロエス（一一九八没）が、神の不変性・預言による神の自己啓示・最後の日の審判の三点を受け入れる人は誰でも、不信者であると非難されることはないと言った。またシャハーダ（信仰告白）は、イスラーム教徒のすべてが、少なくとも一度は唱えることになっている簡潔な信条であるが、それは二つのことを述べるにすぎない――アッラーのほかに神はなく（ラー・イラーハ・イッラー・アッラーフ）、ムハンマドは神の使徒である、と。シャハーダはイスラームのいわゆるアルカーン（五柱）の最初のもので、これが唯一の重要な教義であるということは、イスラームの非常に大きな特徴である。五柱はこのあと、サラート（礼拝――一定の形式による）、サウム（断食――ラマダーン月の）、そしてメッカの最も重要な聖域への巡礼であるハッジュと続く。

ムハンマドが最初の啓示を受けたのは、西暦六一〇年である。当時ハディージャと結婚して商館の主《あるじ》になっていた彼は、裕福な一市民として敬愛されていた。かねてから籠っていた人里離れたヒラー山で瞑想していた彼に、天使ガブリエルが現れて語りかけた――

誦《よ》め、「創造主《つくりぬし》なる主の御名において。いとも小さい凝血から人間をば創りなし給う
誦め、「汝の主はこよなく有難いお方。筆もつすべを教え給う。
人間に未知なることを教え給う。（『コーラン』九六章一―五節）

苦悩と不安の一時期を経て、ムハンマドは自らが勇気づけられるのを感じる――

さ、起きて警告せい。
己《おの》が主はこれを讃えまつれ。
己が衣はこれを浄めよ。
穢《けが》れはこれを避けよ。
褒美《ほうび》ほしさに親切するな。
「辛いことでも」主の御為《おんた》めに堪え忍べ。（『コーラン』七四章二―七節）

啓示はムハンマドが死に至るまで続けられた。

預言者ムハンマドを動かしたのは、恐怖感であった。切迫した天地の終末への恐怖、それに続く審判、そして注意を怠る者にはかならず科せられる懲罰に対する恐怖である。ムハンマド以前にも、神は多くの民族に使徒を送り警告を与えていた。そして人類が目覚め、救われる道は一つしかないこと、すなわち創造主であり扶養者であり審判者である唯一神に、懺悔する以外に道がないことに気づくよう促していた。ムハンマドは、自分が占める位置を知っていた。それは一神教の使徒たちや戦士たち、殉教者たち、すなわち一つの真理をそれぞれの言語で幾通りにも表現して伝えた人たちの、長い列の最後であった。モーセがユダヤ人に、イエスがキリスト教徒に行なったことを、彼はアラブのために果たすことになっていた。彼のあとに預言者はいない。時は刻々迫っていた。神は信じる人を許し、神とその使徒に従順に従う人を救済しようとしていた。しかし人は、その救いを得るためには、啓示された奇蹟を信じ、神が人に語りかけた言葉の特殊性を信じなければならなかった。『コーラン』に言及して神は言う「――人間と妖霊《ジン》とが束になってこの『コーラン』に似たものを作り出そうとかかったところで、似たものなど絶対に作れるものではない、たとい彼らはお互いに協力し合ったとしても」（『コーラン』一七章九〇節）。

ムハンマド以前の預言者たちは、懐疑と嘲笑、ときには暴力と戦わなければならなかった。ムハンマドは彼らの窮状を述べる際、彼自身の苦しい状況を明らかにし、同時に、自らの正当性をさらに裏付けるものとして、典型的な一連のできごとを用いている。彼が土地の人々の土着の神々を破壊したことに対して、メッカの人々は、推測を上まわる鋭い感受性を示したかもしれない。が、アラブは一般的に、機能と性格がはっきりしない至高神アッラーの概念や、儀式のない状態に馴染んでいて、ムハンマドがアッラーの役割を強調し、明確にしようとした努力に対しては、抵抗らしいことは何もしなかっただろう。天地の終末・最後の審判・死後の懲罰に対する不安とは無縁のメッカの人々は、ムハンマドの厳しい警告を、筋が通らず、おそらく低俗にすら、感じていたことだろう。

抵抗は主として社会的・経済的な面から起きた。ムハンマドの従者の共同体は、彼が初期に、主として他所者《よそ》や無産階級の人々を勧誘して構成したもので、さまざまな部族の人が混じっていたので、それらの人々が部族社会の構成に対する脅威となることが予測されたのである。忠誠心に対立が生じる可能性があるだけでも、危険であった。メッカは、アラブの部族の大半が聖域と考えていた地区を囲んで発達していた。連合体として「リパブリック（共和都市）」とも言うべきものを実際に管理していたその地域の部族にとって、商業の中心地としての役割は宗教的役割と不可分のようであった。

ムハンマドの共同体の基礎が固まったのは、彼がメッカの北二〇〇マイルに位置するメディナへ移住（ヒジュラ）した後のことである。彼はアラブの二部族の対立を調停するためにそのオアシスへ招かれていたのである。この「移住」は重要な意義を持つことから、預言者の死後ただちに、ヒジュラが行なわれた西暦六二二年が、イスラーム暦元年とされた。

しかしメディナのユダヤ人が、ムハンマドの説教を拒絶したので、彼らはついに政治の領域から締め出された。神学として彼が主張したのは、ユダヤ教徒とキリスト教徒が聖典を歪曲したことと、イスラームは、メッカの聖所カアバの創設者とされるアブラハムの宗教に見られるような、穢れのない状態への回帰を図るものであるということであった。キブラ、すなわち信者が礼拝の際に向かう方向を、エルサレムからカアバに変更したことは、ユダヤ‐キリスト教的慣習から、さらに脱皮しようという動きを具体化したものである。イスラームはメディナ移住後の初期にすでに、アラブ・ナショナリズムとも呼び得る様相を帯びていたのである。また同時にイスラームは、メッカを征服することだけでなく、アラブの遺産の本質的要素（ムハンマドにとって、それは「異教以前」のアブラハム的なもの）を継承することも、宣言した。六三〇年、ムハンマドの死の二年前、メッカは名ばかりの抵抗のあと、降伏した。

啓示はメッカでは主として、終末、イスラーム神学の基本原理、ムハンマド以前の預言者物語であったが、メディナでは、政治問題と律法に関するものを大量に含むようになった。預言者の死後、啓示の記録が収集されて、今日『コーラン』（クルアーン、字義「誦《よ》むこと」）として知られるものになった。啓示は大半が比較的短く、それらを政府に委託された人たちが、より大きな一一四の単位すなわちスーラ（章）にまとめ、ほぼ長さの順に並べた。開扉の章ファーティハは短い祈禱で、最後の二章は悪に対する呪術的宗教的祈願である。

『コーラン』は構成が特異なので、イスラーム教徒でない人は読み通そうとしてもあまり楽しんで読めないし、章句の美しさには感動せずにいられないが、文体はイスラーム以前からまったく進歩していないと感じる。しかし『コーラン』を神の直接の言葉と考えるイスラーム教徒は、言語としても読誦するものとしても完璧な『コーラン』によって、比類のない経験をする。

信仰と正しい行為が、イスラーム教徒を地獄の業火から守るだろう。一般信者の感情においては、イスラームの矛盾する二つの要素が知的に調整する必要なく受け入れられている。肉体的、道徳的な掟にはいっさい拘束されない神《アッラー》の全能ぶりを描くには、どのような表現も迫力を欠くにもかかわらず、また人間の運命は、あらかじめ定められたようにしか展開しないにもかかわらず、アッラーは信者の誰一人をも、永遠の懲罰に服させようとはしないのである。それはあるいは、神が預言者のとりなしに、道を譲る準備ができているからかもしれないし、あるいは単に、信者がイスラーム共同体に属しているからかもしれない。

信仰で強調される点は時の経過とともに、神が持つ威厳から神の愛へと、ある程度変わっていった。しかし素朴な人々は、頻繁に引用される『コーラン』の章句、すなわち王座にかんする節に示された神の途方もない偉大さに、依然として最も心を打たれるのである——

アッラー、この生ける神、永遠の神をおいて他に神はない。まどろみも睡《ねむ》りも彼を摑むことはなく、天にあるもの、地にあるものことごとくあげて彼に属す。誰あって、その御許しなしに彼に取りなしをえようぞ。彼は人間の前にあることもうしろにあることもすべて知悉し給う。が、人間は、「その広大なる」知恵の一部を覗《のぞ》かせていただくのもひとえに御心次第。その王座は蒼穹《そうきゅう》と大地を蓋ってひろがり、しかも彼はそれらを二つながらに支えもって倦《う》みつかれ給うこともな

い。まことに彼こそはいと高く、いとも大いなる神。（『コーラン』二章二五六節）

正しい行為とされるものには、形式が定められたサラート（礼拝）を、定期的に行なうことも含まれる。サラートには一連の動作があり、それをしながら、短い『コーラン』の章句など、規定の言葉を唱える。まずムアッジンと呼ばれる人が、アザーンという礼拝への呼びかけを行なう——モスクに

ラクア
（大川周明『回教概論』慶應書房，1943より）

は東方教会で用いられる鐘がないし、ガラガラと鳴る器具もないからである。信者は一人で礼拝をしても差し支えないが、モスク（マスジド「跪拝の場所」）での集会に参加するのが望ましい。

信者は礼拝を始めるときにメッカの方を向き、礼拝の指導者イマームの後ろに整列する。イマームは通常、モスクへの寄進財から礼拝の指導に対する報酬を受けるが、決して聖職者ではない。事実、必要な専門知識を備えたイスラーム教徒であれば、誰でもイマームになれる。礼拝の回数は最初は二度に定められていたが、ユダヤ教と、おそらくゾロアスター教の慣習の影響もあって、やがて五度に増やされた。長さは一定ではない。夜明けの礼拝では、ラクアすなわち「お辞儀」を二度、正午と午後の礼拝では四度、日没後の礼拝では三度、夜まだ早いうちの礼拝では再び四度行なう。

ラクアは七つの動作と、所定の言葉で構成される。(1)手を開いて顔の両横に添え、「アッラーフ・アクバル（神は偉大なり）」の朗唱、(2)直立の姿勢で、『コーラン』からファーティハ（開扉の章）と、一つあるいは若干の章句の朗唱、(3)腰を曲げて深くお辞儀、(4)再び直立の姿勢、(5)両膝をつき顔を床につけて第一回目の跪拝、(6)体を起こして正座、(7)二度目の跪拝、と続く。この一連の動作は、二度目以降は二番目の動作で開始される。礼拝者は一連の動作を終えるたびに、また、礼拝をすべて終えたときにも、シャハーダ（信仰告白）と一定の形式にならった挨拶の言葉を唱える。(1)

信者は一定の形式に従う義務を果したあと、ようやく神に個人的なドゥアー（祈願）をすることを許可されるばかりか、むしろ奨励される。礼拝は定められた清浄な状態で行なわなければ無効になるので、信者は礼拝に先だってウドゥー（浄め）をしなければならない。「これ、汝ら、信徒の者、礼拝のために立ち上がる場合は、まず顔を洗い、次に両手を肘《ひじ》まで洗え。それから頭を擦り、両足を踝《くるぶし》のところまで擦れ……だが病気の時、または旅路にある時……もし水が見付からなかったら、きれいな砂を取って、それで顔と手を擦ればよろしい。アッラーは汝らをことさらいじめようとし給うわけではない。ただ汝らを浄《きよ》め、そして汝らに充分の恵みを授けて、なろうことなら汝らが［神に］感謝の気持ちを抱くようにしてやりたいと思っておられるだけのこと」（『コーラン』五章八―九節）。

1

2

3

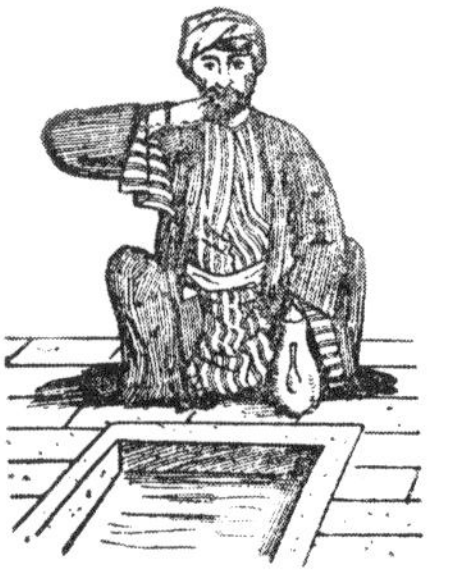
4

5

6

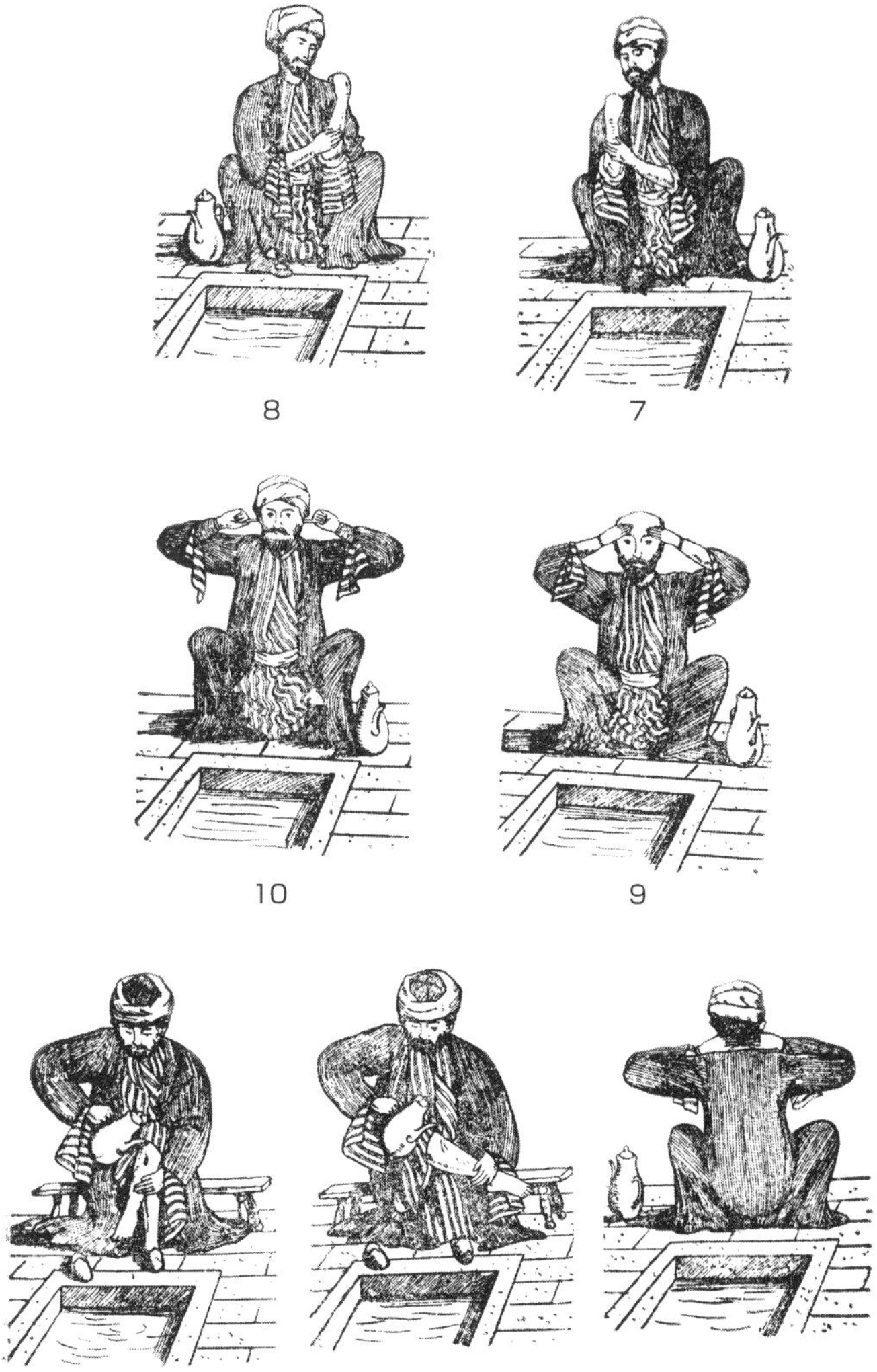

ウドゥー
（大川周明『回教概論』慶應書房，1943より）

モスクの中庭に泉水があるのは、サラートの前に浄めの義務を果たすためである。

ムハンマドは金曜日を、共同体の厳粛な礼拝の日と定めた。それは制度としては、ユダヤ教とキリスト教の安息日にならったものであるが、対立するところもある。金曜の礼拝は、ふだんの正午の礼拝に代わるものである。「これ、お前たち信徒のもの、集会の日（金曜日）の礼拝に人々を呼ぶ喚び声が聞こえたら、急いでアッラーのお勤めに赴き、商売など放っておけよ。その方が身のためにもなる。と言うてもお前たちにはよくわからないかも知れないが。礼拝が終了したら、方々に散って、今度は大いにアッラーのお恵みを求めるがよい。但し、繰り返し繰り返しアッラーを念ずることだけは忘れぬよう。そうすれば必ず商売繁昌しよう」（『コーラン』六二章九―一〇節）。換言すれば、金曜日は休息日ではなく、正午の礼拝のときだけ、商売を中止することが義務づけられている。

平日の正午の礼拝ではラクアが四度行なわれる。金曜日の礼拝では簡略化されて二度しか行なわれない（共同体の礼拝に出席しない人は、四度行なうことが義務づけられている）が、フトバといわれる説教が行なわれることによって、内容の充実が図られている。とはいえフトバは、キリスト教やユダヤ教の類似するものから我々が想像するような、宗教上の問題点の考察や、教理の日常生活への適用を説くものではなく、内容が規定されている――神の讃美、預言者の祝福のほか、イスラーム共同体のための祈禱、『コーラン』の読誦、清浄を保つようにとの訓戒が含まれなければならない。さらに、国家の首長に対する神の祝福が祈願される。事実、イスラーム法では、首長の名前が金曜のフトバで言及されることと、貨幣に記されることの二つが、何よりも統治権を象徴する。

イスラームの儀礼は、既存のビザンティンやペルシアの版図を制覇した結果、内部で進んでいた宗教的・文化的変化に決定的な影響を受ける暇《いとま》もなく、固定してしまった。そして、若干の反対にもかかわらず、イスラーム共同体が信仰の保護者として受け入れようとした法学者たちが形式にとらわれがちであったことから、儀礼の多様化と変更は、ほぼ完全に阻止された。ムハンマドは、次のように言ったといわれる。「規定された礼拝は、貸借対照表のようなものである。支払う者は何者であれ、全額返済される(2)」。したがって信者にとって礼拝に参加することは、自らが最終的に報われるための一層確かな保証を得ることであり、また、自らが選ばれた人たちから成る秩序ある共同体の一部である、との思いを強めることにもなった。一方、礼拝が、単に形式を守ることによってのみ有効とされる機械的なものと考えられたので、しばしば特殊な宗教体験の喚起が妨げられた。

しかしながらそのような厳格な儀式でも、神との対話が損なわれない人々もいた。ある人は、礼拝しようとするまさにそのとき、髪を逆立て、身を震わせて「今や時は来たりぬ。天地がかつて生じ得なかったほどの信頼を達成する時が」と言ったといわれる(3)。しかし一般の人々には、規定された動作を、シンボルや教訓的な解釈を用いて説明する必要があった。偉大な教師であり神学者であったガッザーリー（一一一一没）は、礼拝について説明する。「次に跪拝のために身を伏せるが、それは最大級の服従の証しである。なぜなら体の中で最も大切なもの、すなわち顔を、最も取るに足りないもの、すなわち土につけるからである……低い所に身を置くときは、あなたがたがそれを適切な場所においたのであり、枝を幹に戻したのであることを常に覚えているように。なぜなら、土であなたがたは造

られ、土に戻るからである」と。(4)

強調されたのは「内的条件」――謙譲と服従する心――であった。清浄を保つことは、欲望から身を清らかに守ることと理解され、キブラの方を向くことは王座に顔を向けること、すなわち神秘的で宗教的な瞑想に精神を集中すること、と解釈された。神秘主義者の一人が言う。「礼拝をする人には次の四つのことが必要である。自らの卑しい魂を消滅させること、生来の諸々の力を無くすこと、心の深奥部を浄めること、そして完璧な瞑想をすることである」と。彼は続けて言う。自らの卑しい魂を消滅させることは、思いを集中してはじめて可能であり、生来の諸々の力を無くすことは、神の崇高さを確認したときにのみ可能である……心の最深奥部を浄めることは、ただ愛によってのみ叶えられ、完璧な瞑想は、心の最深奥部が清浄であってはじめて可能である、と。

また他の神秘主義者が報告する。「少年のころ私は、女の行者が礼拝中に、蠍《さそり》に四〇カ所も刺されるのを見たことを覚えている。彼女は顔色ひとつ変えなかった。彼女が祈り終えたとき、私は言った。『行者さん、どうして蠍《さそり》を追い払わなかったのですか?』すると彼女が答えて言った『何も知らないのね。神様へのお勤めの最中に、自分のことを考えるのを正しいことだと思うのですか?』と」。(5)

イスラームの祭りで宗教的要素を欠くものはないので、祭りは必ず祈禱と特異な形式を持っている。そして祈禱そのものについては、行なう人の崇高さ、すなわち解釈のレベルによって、儀式や祭りに与えられる意味が違ってくる。信者が得る体験は、神聖な行為に対する異教徒に近い反応から、神秘的な寓話として象徴的に薄められたものまであるかもしれない。それを決定づけるのはベドウィンの素朴さであるかもしれないし、ヘレニズムに影響された哲学者の、洗練された感性であるかもしれない。律法は行為を要求する。神はただ心のみを吟味する。とはいえ、神は慈悲深いと期待していいだろう。なぜなら神は、行為はその動機によって裁かれるべきであると、定めはしなかっただろうか。

2　巡礼

次のような啓示が預言者に示されたのは、おそらくヒジュラの三―四年後のことである。

人々のために建てられた最初の聖殿はバッカにあるあれだ。生きとし生けるものの祝福の場所として、また導きとして［建てられた］もの。その内部には数々の明白な御徴《おしるし》がある――［たとえば］イブラヒームの御立ち処など。そして誰でも一たんこの［聖域］に踏み込んでしまえば絶対安全が保証される。そして誰でもここまで旅して来る能力がある限り、この聖殿に巡礼することは、人間としてアッラーに対する［神聖な］義務であるぞ。といっても信仰なきやからは［この義務を果たしはしなかろうけれど］、元来アッラーは完全自足、誰からも何もして貰う必要はない。

（『コーラン』三章九〇―九二節）

やがてこの指示はイスラームの第五の「柱」――メッカ、アラファート、ミナーへのハッジュ（巡礼）の義務――に発展し、ある意味で、信者の宗教的体験の頂点を成すものとなる。イスラーム教徒は男女を問わずすべて、生涯に一度これらの聖地に行き、決められた時に決められた順序で儀式に参加しなければならない。ただ行くだけであったり、規定外の時期に儀式を行なったのでは、義務を果たしたとはみなされない。そのような人々は、預言者が言ったといわれるように「ユダヤ教徒あるいはキリスト教徒として死ぬ」ことになる。

イスラームの法学者たちは、巡礼を行なう「能力」について、非常に慎重に定めている。巡礼を行なう「能力」がない者は、『コーラン』によれば、共同体に課せられた義務から自動的に免除される。法学者たちは、この義務が、奴隷と狂人には課されない、との合意に達している。未成年者も免除される。女性も、夫あるいは禁制範囲内の親族（すなわち結婚相手とすることが禁じられている人）に同行してもらえない場合は免除される。信者がハッジュに出発する際に所有しているべき資力については、若干の論議がある。また法学者の大半が、物乞いをしながらメッカに行くことに批判的である――もっとも、特にアフリカ人の巡礼者が、しばしばこれを無視する。道中の安全が脅かされたり、陸路の適切な交通手段が確保できない場合も、延期は合法として認められる。

一方、条件が整っているにもかかわらず延期すれば、顰蹙《ひんしゅく》をかう。また故人が精神的恵みを受けるようにと、故人の代理人が故人の名で、遺産を資金に巡礼をすることがあるが、それは四大法学派のうちの一派だけが合法と考えている（もっとも代理人はその旅で、何ら宗教上の利益に浴しない）。そこで、現実には、巡礼をするかどうかの決定は、一般的に本人に委ねられる。いつの時代も明らかに、イスラームの信者共同体のごく少数の人々しかハッジュができなかった（熱心な信者の数は、今日約二億七〇〇〇万に達すると思われる）。* 一方、巡礼をした人のうちの、かなりの人が再度メッカへ巡礼をしているようである――要求されてはいないが、非常に功徳の高い行為である。

＊ 現在は一〇～一一億人といわれる。

信徒の義務に巡礼が含まれたことは、メッカが新しい宗教の精神的中心地として選ばれたことを暗示しており、当時の人々に、イスラーム教徒がメッカを掌握しようとしているとの、警戒心を抱かせた。また同時にそれは、新宗教とアラブの慣習が矛盾しないことの宣言と、解釈出来るものでもあった。ここで興味深いことがある。つまりムハンマドは、流浪者の共同社会の指導者という政治的立場から考えて、重要な宣言をしても事実上、まったく実際的な意味がないと思われる時期に、巡礼に関する見解をある程度細かく築き上げていたのである。

新たな啓示によってイスラーム教徒は、イスラームにおいて聖域メッカが持つ役割に、かなり急速に馴染んだ。「また我ら（すなわち神）が聖殿（メッカの）を万人の還《かえ》り来る場所と定め、安全地域に定めた時のこと……それから我らはイブラーヒームおよびイスマーイールと契約を結び、『汝ら両人、このわしの聖殿を清掃して、ここにおめぐりに来る人たちや、お籠《こも》りの人たちや、また跪《ひざまず》きひれ伏してお祈りしに来る人たちのためにつかえるのじゃ』と［言い渡した］」（『コーラン』二章一一九節）。ムハンマドはこのようにして、メッカの宗教的儀礼が異教以前の性格を持つことを明らかにして、それら儀礼をイスラーム教徒のものであると主張したうえで、メッカの人々がメディナ攻略に失敗したことに乗じて、さらに歩を進めた。「信仰に背くばかりか、アッラーの道を塞ぎ、またせっかく我らが定住者、移住者の別なくすべての人のために設けてやった聖殿（すなわち、各地のものではなく中心的なものとして）に［お詣りに行く人の］妨害をするような人々、またそこで故意に許しがたい妄動をなすような人々には我らが苦しい天罰を充分味わわせてやろうぞ」（『コーラン』二二章二五―二六節）。

しかしメッカが陥落したとき、ムハンマド自身がすぐに巡礼をしたわけではない。彼は信者の指導のために代理として、義父のアブー・バクルを送った。ほどなく国家の指導者として、彼のあとを継いだ人物である。そして娘婿のアリー（ムハンマドの四番目の後継者、後の第四代カリフ）に、アラファートに集まった巡礼者の前で、次の啓示を読み上げさせた。

アッラーおよびその使徒より、汝らが契約を結んだ多神教徒に与える特別免許［は次の通り］
……アッラーおよびその使徒より、大巡礼の日にすべての人々に発される布告［は次の通り］
……多神教徒どもにアッラーの礼拝所を占領されてなるものか。己《おの》れの無信仰を公言して憚《はばか》らぬやからではないか。彼らは、［この世で］したことはことごとく水泡に帰し、結局、火《ゲヘナ》に永久に住みつくこととなろう。アッラーの礼拝所の世話をするのは、アッラーと最後《いやはて》の日を信じ、礼拝の務めを果たし、定めの喜捨をこころよく出し、アッラー以外の何者も怖れぬ者に限る。こういう人は正道に導かれる人々の仲間に加えて戴けるであろう。（『コーラン』九章一、三a、一七―一

カアバ神殿に参詣するムハンマド
Indian Manuscript, dated 1761（Berlin Ethnological Museum）

八節）

　この聖句に基づいて、今日に至るまでイスラーム教徒でない人は、巡礼の見物や参加はもちろん、ハッジュ以外の時期でもメッカに行くことを禁じられている。西洋人がメッカに入ろうと思えば、正真正銘《ボナ・フィデ》のイスラーム教徒になるか、あるいは変装しなければならない。

　以上の準備段階を経て、ようやくムハンマド自身が巡礼に出発した。この巡礼は、ムハンマドがメディナへ帰還後、三カ月も経たない六三二年六月八日に亡くなったことから、ハッジャト・アル・ワダー（別離の巡礼）と呼ばれるようになったこの巡礼が、その後の巡礼の規範となった。ムハンマドの行動は、些細なことに至るまでつぶさに記され、膨大な量の伝承となった。後世、巡礼の細部の正確な施行方法について疑問が生じると、常に、彼の先例、あるいは預言者ムハンマドによって権威づけられた宗教的創作物が引用された。巡礼の規定で、ムハンマドの仕事は完結した。信者らはこのときになってはじめて、神がどのように礼拝されることを望むかを知ったのである。「今日、ここにわしは汝らのために宗教を建立し終わった。わしは汝らの上にわが恩寵をそそぎ尽くし、かつ汝らのための宗教としてイスラームを認承した」（『コーラン』五章五節）。

知的レベルでは、ムハンマドがメッカを宗教上の首都に選定した直接の結果として、イスラームの基盤を支持する二つの伝承が発展した（メッカはエルサレムやローマと違って、決して信者の政治活動の中心にはならなかった）。それら伝承はメッカの宗教上の役割に、正当性とともにドラマ的要素を与え、いまだにイスラーム教徒のハッジュの経験に、色彩を添えている。「イブラーヒームがイスマーイールと一緒に聖殿の礎石を打ち立てた時（のことを覚えておくように）……」（『コーラン』二章一二一節）という『コーラン』の章句にまつわる伝承は、明らかに土着の異教的テーマに基づくものではなく、新しいもの、すなわちイスラームに起源を持つものである。それらの傾向も様式も、全体的に見てイスラームの伝承として典型的である。すなわち、どのような小さなことも、説明されずに放置されたり特定されないことはなく、行為は全体としてかならず、聖なる歴史の伝統的な一連のできごとに、結びつけられなければならないのである。

アブラハムあるいは、アラビア語的に記せばイブラーヒームが、カアバ（字義「立方体」）神殿の建立を命ぜられたのが、ハガルを去らせる前であったか、後であったかについては合意がみられない。いずれにせよ、彼が建立すべき場所は、超自然的な方法で彼に示された。神殿の石材は、メッカを見下ろす山々のうちの三つと、ヘルモン山（レバノン）とオリヴ山で採取された。壁がある程度の高さに達したとき、アブラハムは一つの石の上に立ったが、それがいわゆるマカーム・イブラーヒーム（アブラハムの立ち処）で、そこにはいまだに彼の足跡が残っている。作業が完成したとき、アブラハムは再びマカームに立った。そしてすでに山々よりも高くそびえていたそのマカームの上から、全人類に巡礼を行なう義務について説いた。次に、今日神殿の東の角に組み入れられ、非常に聖らかなものとされている黒石が、ガブリエルによってアブラハムにもたらされた（ガブリエルは後に、神の言葉をムハンマドに伝える役割を果たす天使である）。当時は白かったその石が黒くなったのは、ただひとえにその石が、異教時代の罪と不浄に触れたことによる。

この伝承には異型がある。それによればカアバ神殿の建立はアブラハム以前で、その建立者としてアダムが登場する。アダムはもともと背が高く、天の軍勢が主の王座近くで歌う声を、聞くことができた。しかし彼は原罪のために背丈が縮み、天界に届かなくなった。神は彼を慰めるために、彼が天国から追放されたあと行っていたメッカに一つの幕屋を降《くだ》し、天使が王座の周囲を回っていたように、彼がその周囲を回れるようにと考えた。しかしメッカには住人はなく、聖所を崇拝する人もいなかっ

大モスク（上）とカアバ神殿（下）

（いずれも Hussein Y. Hirashima : *The Road to Holy Mecca,* Kodansha International, 1972より）

たので、神はメッカが特別清らかで祝福された宗教的な人々の一団を、擁するようになるであろうとアダムに約束した。

またこの伝承には、この幕屋は赤いヒヤシンス*（風信子鉱）で造られていたと明言されているが、異教時代の部族長が、部族の偶像と彼自身の像を並べて置いていた、赤い革製のクッバ（幕屋）が反映されていて興味深い。アダムはこの赤い幕屋に住み、白い風信子鉱（後に黒石に転じるもの）に座っていた。神は自らの支配について、契約によって人類に知らせたが、その契約を人類と結んだときに、契約文書をその石に呑み込ませてしまった。審判の日にその石は舌を与えられ、人類に不利な証言をするといわれる。

＊ "hyacinth", *Encyclopaedia Britannica*, 11th ed., XXIV, (1911) によれば、黄色味を帯びた様々な赤色のジルコンで、宝石として用いられる。ただし、情況によって石榴石など、他の宝石をさしていたこともある、と記されている。本書が記された年代から hyacinth をジルコン（風信子鉱）と判断。『地学辞典』（竹内均編、古今書院、一九七三）では、ジルコンは「色は赤褐色が普通で、その他黄・緑・青など種々の色を帯びるが、薄片では一般に無色透明……」とある。

伝承の第二のものは、カアバ神殿を建てる場所にメッカが選ばれたことを説明するもので、メッカに特殊な宇宙論的機能を賦与する。厳密に言えば、エルサレムの聖所に関して、ユダヤ教徒やキリスト教徒の間に当時流布していた宇宙論の観念を、メッカに転用しようとするもので、聖地を大地の臍《へそ》とみなす。大地のどの部分よりも先に創造された「カアバ神殿は、アッラーの天地創造の四〇年、異説によれば二〇〇〇年前は、水に浮かぶ乾いた土地であった。そこから世界が広がっていった」とする。[1]『コーラン』の中で、メッカはあらゆる都市の母として言及されるが、地理学的意味合いで大地の中心と解釈されるのは、この伝承に基づく。

しかしながら臍は、地上で最も高い地点であるだけでなく、「天界や地界と言葉を交わす場所」でもあった。伝承に、メッカで天が最も地に接近しているとの主張がみられるのは正当なことで、メッカと天との関係から、メッカで行なった礼拝が神に届きやすいと暗示する物語がある。異教時代にカアバ神殿の中にあったといわれるビル（井戸または穴）は、供物を投げ入れるのに用いられたが、まぎれもなく、地界と接触を持つ場所であった。

さらにメッカ自体が、一つの埋葬所とみなされることもある。メッカにはアダムが葬られているといわれるし、ムハンマドの墓があるとさえ言われている――一方、メディナにある円蓋を持つムハンマドの墓が、彼の死後ほどなく巡礼の終着点になったことは周知の事実である。メッカにはアダムとムハンマドだけでなく何十人、何百人もの預言者が眠っていると信じられている。事実「預言者はそれぞれ、自らの民が滅びたあとメッカに腰を落ち着け、そこで信奉者たちとともに死ぬまで礼拝を献げた」ということである。大地の中心であるメッカが、すべての預言者の出生地であったことはきわめて納得のいくことで、彼らが死を迎えるべき場所でもあったということは、伝承として理にかなっている。

もっとも、カアバ神殿は大地の中心であるだけでなく、宇宙の中心でもある。『コーラン』には七つの天と七つの地が交互に重なり合っていると記されている。天と地のそれぞれの中心には臍として聖所があり、「それら一四の聖所を、目に見えない宇宙の軸が貫いている」。それらの中で最も上にあるのが、神の王座である。聖所のすべてで、カアバ神殿で行なわれているのと同じ儀式が行なわれている。すなわちメッカの聖所は宇宙の宗教的中心として建設されたものであり、そこで行なわれている儀式はすべて、宇宙的なものとして重要であると明示されている。また「神の使徒が造られた土は元来メッカの地の臍にあった」と説明することによって、「預言者が、この宇宙崇拝の体系の中に組み入れられる」のである。

ヒジャーズの主要都市で、今日、人口が約六万から七万のメッカは、プトレマイオス（西暦二世紀）にはマコラバ（南アラビア語やエチオピア語で、聖所を意味したミクラーブにあたる）として知られていた。メソポタミアからメッカの西わずか四五マイルにある紅海沿岸のジッダへ延びる何本もの幹線道路と、東洋からの商品を地中海に運ぶ香料の道の交差点に位置していたこの町は、北方の不毛な土地から南方の谷に至る地域の唯一の水源であったザムザムの泉によってその生存を支えられていた。この古い歴史を持つ都市は、その谷間の長さ約二マイル幅半マイルの盆地を占めている。西には一五〇〇フィートから三〇〇〇フィートまでの高さの山々が聳え、深さ約四〇〇フィートの谷への通風を妨げている。

『コーラン』一四章四〇節でアブラハムは「主よ、私は子孫の一部を耕地もない窪地《くぼち》、汝の聖なるお住居《すまい》の傍《そば》に住まわせることにいたしました」と言っている。メッカとその周辺地域が荒涼としているのに対して、その先の高地が植生豊かであることは、アラブの地理学者の多くが記すところである。

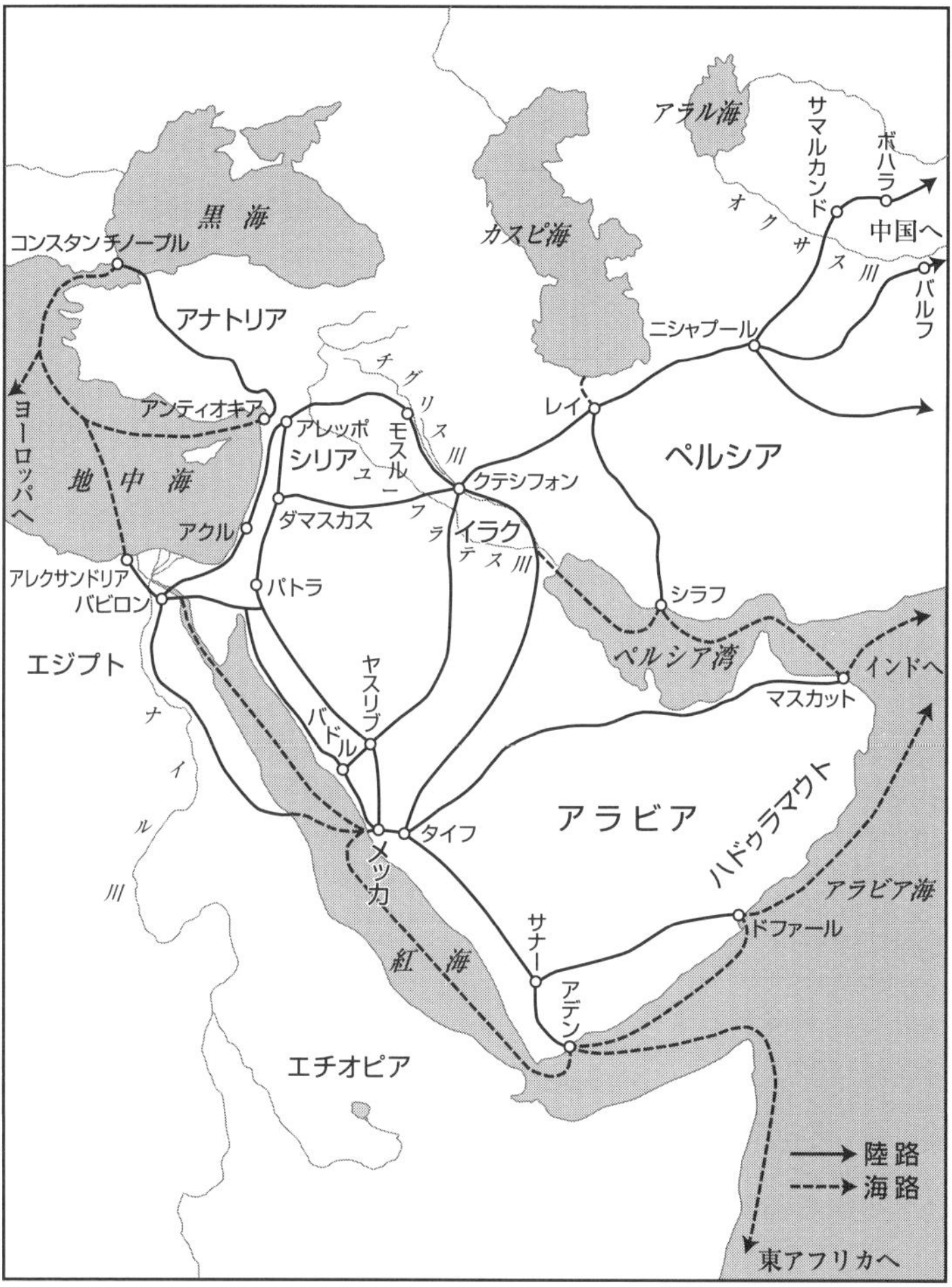

イスラーム以前の交易路
(吉田光邦『イスラム』淡交社，1967をもとに作図)

マクダスィーは九六六年に、メッカの「窒息しそうな熱気、そよとも吹かぬ風、蠅の群れ」について不平を言っている。(2)

メッカはムハンマドのころから現在に至るまで「商業共和都市」と呼ばれている。(3)『コーラン』(一〇六章二節)には「冬の隊商、夏の隊商」が言及されている。またそれに続く説教には「みな、この家[カアバ]の主にお仕え申すがよい。もともと彼らに食を与えて飢えから救ってくださったお方。彼らの心を安らかにして怖れを除いて下さったお方」(一〇六章三―四節)とある。この短い言葉の中にメッカの二つの財源である商業と巡礼が記されている。当時からほとんど変わっていないが、ただ巡礼が以前にもまして、メッカの繁栄に重要な役割を果たすようになっている。

この都市をムハンマドのころに支配していたのはクライシュ族で、主としてザムザムの泉とカアバ神殿がある中央の低地に住んでいた。預言者の家系で、今日も残っている唯一の末裔はシャリーフ家で、彼らはメッカの統治権が一九二四年に、イブン・サウードと千古の昔から神殿の鍵の持ち主であるシャイバ家に移るまで、メッカを支配していた。

一八一四年にメッカを訪れ、今日依然としてヨーロッパ人旅行者の中で、イスラーム教徒に最も尊敬されていると思われるスイス人の探検家ヨハン・ルドヴィヒ・ブルクハルト(一八一七没)は、メッカを「美しい町」と呼んで次のように続ける。(4)「街路は東洋の他の都市に比べて、一般的に幅が広い。家々は背が高く、石造りである。道沿いにいくつも窓があるので、道に面して窓が少ししかないエジプトやシリアの家々に比べて生気が感じられるし、ヨーロッパ的雰囲気が強い。メッカには(ジツダ同様）、三階建ての家が多いが、水漆喰を塗った家はあまり見かけない。ジッダでは、家々が輝くように白くて目を刺激したので、メッカの暗灰色で石造りの家々が好ましく感じられる(5)」。

町の主要軸となっている道は、中ほどで幅が広がり、そこにマスジド・アル・ハラームすなわち大モスクがある。カアバ神殿とザムザムの周りに広がってきたこの大モスクには中庭があり、その周囲に一九の門を出入口として持つ柱廊がある。柱廊の内法《うちのり》は北西面が五四五フィート、西南面が三六四フィート、南東面が五五四フィート、東北面が三六〇フィートで(6)、多少いびつな平行四辺形であることが特徴である。ここに推定三万五千人の巡礼者を収容できる。このほぼ中央にカアバ神殿が建つ。神殿は「幅三三フィート、奥行き四〇フィートほど」のいびつな方形で、向き合う辺は、どれも厳密には長さが不揃いである。E・ラターによれば「壁の頂上、すなわち屋根を縁取る欄干《らんかん》まで含めれば高さ約五〇フィートの堂々とした頑丈な建物で、メッカの花崗岩で造られている。屋根は、壁の頂上よりも二・五ないし三フィート低く、灰色を帯びた白い大理石造りである。神殿の基壇は、大理石の傾斜した擁壁で補強されている」。この擁壁がいわゆるシャーダルワーンで、高さ一〇インチで、約一フィート張り出している。扉は北東の壁に一枚あるだけで、地上七フィートの位置に設けられているのは、内部を浸水から守るためである。まれにその扉が開かれると（内部を儀式に従って年に三回清めるときのほか、平均、年に約一〇回で目的はさまざまである）、車が付いた可動式の木製の階段が、扉の所に運ばれる。内部には、三本の木の柱で支えられた天井から、無数の金、銀製のランプが下げられているが、それ以外は設備は何もない。

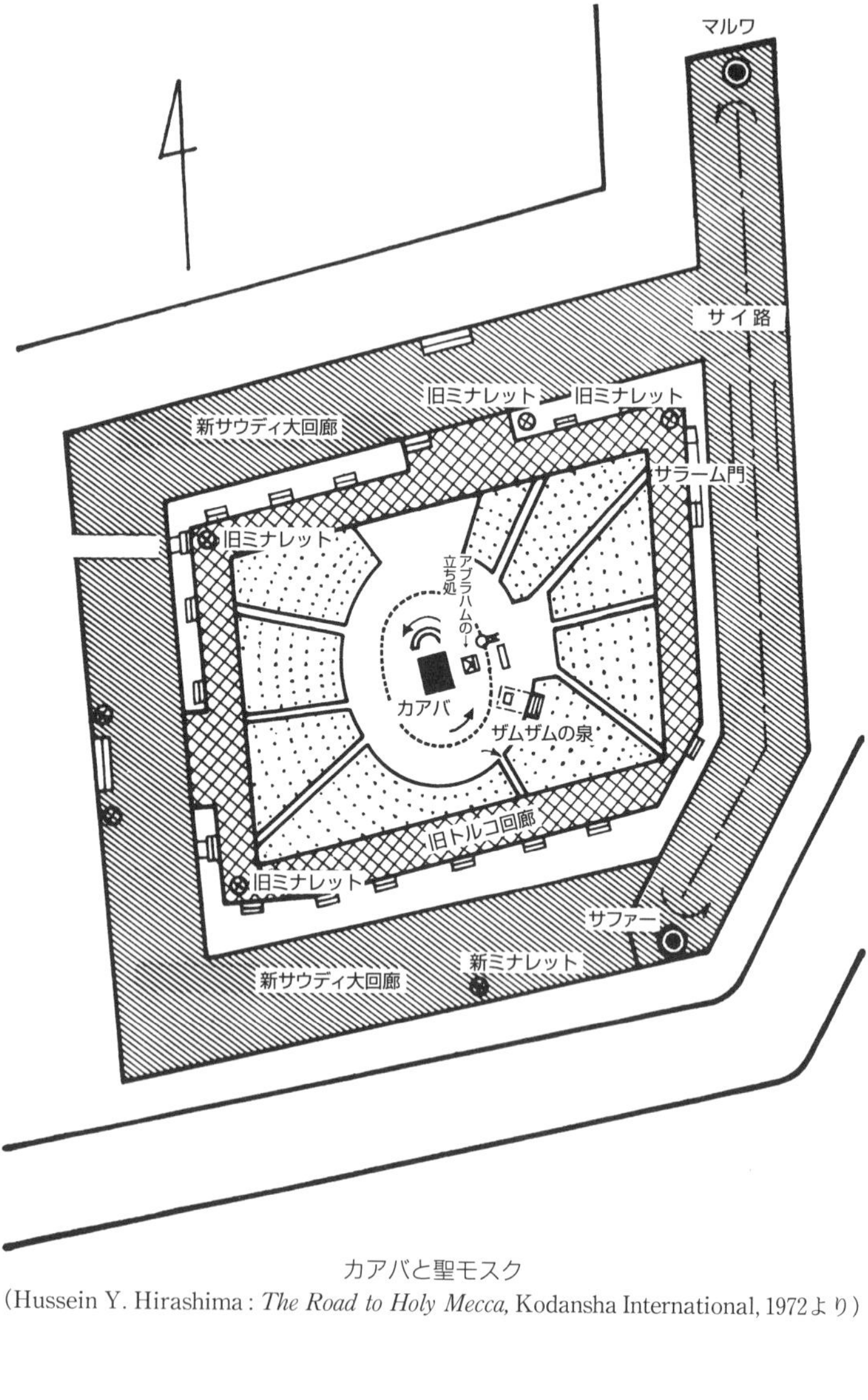

カアバと聖モスク
(Hussein Y. Hirashima : *The Road to Holy Mecca,* Kodansha International, 1972より)

黒石については、溶岩、玄武岩または石質隕石など、諸説ある。実際は黒味を帯びた赤褐色で、東の角の、地上約五フィートの位置にはめ込まれていて、直径は一二インチと推定される。大火で割れて、現在は三箇の大きな塊りと数個の小片が、銀の帯で繋ぎ合わされている。信者はカアバ神殿を回るときに、この黒石に接吻する――土着の岩石崇拝の名残で、それをムハンマドが容認したことは、彼に従う者の一部を動揺させた。その一人の、後のカリフ・ウマルが次のように言っている。「まことにそなたは、一介の石にすぎない。危害を加えることも、利益を与えることも不可能である。もし御神の使徒がそなたに口づけするのを見ていなければ、私もそなたに口づけをしなかった」。一九三二年、黒石を欠いて小片を盗んだアフガニスタン人の巡礼者が処刑されるということがあったが、その石の小片は、イブン・サウード王自らの手で元に戻された(7)。

ムルタザム、すなわちカアバ神殿の東の角と扉の間の約六フィートの場所は、特に清らかな場所である。神殿に充満するバラカ(祝福ないしはご利益《りやく》)を浸み込ませたいと思う敬虔な信者らは、伸ばして開いた腕と胸をその壁に押しつける。北西壁の一部、すなわちミーザーブ・アッ・ラフマ(慈悲の水口)と呼ばれる金メッキされた水口と北の角の間が、まさにキブラである。カアバ神殿の壁は、イスラーム以前から幕で覆われている。キスワと呼ばれるその幕は最初は縞模様であったが、現在は黒の金襴で、シャハーダ(信仰告白)が織り込まれている。キスワは通常エジプト政府によって提供されるが、約一万八〇〇〇から二万ドルで、毎年新調され、古いものは小さく切って巡礼者に売られる。アラビアの異教徒の聖なる幕屋をはじめ、天の涯《はて》なる見事な聖木《シドラ》(『コーラン』五三章一四節)や

ユダヤ教徒の幕屋、カナンの高き所、ソロモンの王座、それらすべてが布で覆われていたことが思い出される。(8)

カアバの南東の角から数歩行くと、ドームを持つ建物があり、中にザムザムの泉がある（現在のものは一六六一年に建設）。深さ約一三〇フィートのこの泉は不思議な力を持ち、巡礼者が水をどれだけ使っても、水位が決して変わらない。ハガルとイシュマエルが渇きで死なないようにと、ガブリエルが開いたものである。多少塩分を含み、妙薬と信じられているので、巡礼者は自らの経帷子《きょうかたびら》をその水に浸すだけでなく、病気のときに使うためや死後の洗浄用に、瓶に入れて何本か持ち帰り、贈物にするのが常である。水の分配は、世襲のギルドであるザムザミーの掌中にある。

カアバ神殿の北東壁と、バーヌー・シャイバ門、すなわちカアバを回るための長径一五〇フィート短径一二五フィートの楕円形の舗装された場所マターフに入るためのアーチとの間に、アブラハムの立ち処と呼ばれる小さなドームがある。またマターフの中に神殿の扉に面して「鉢」と呼ばれる窪みがあるが、それはアブラハムとイシュマエルが神殿を建てたときに、漆喰を捏《こ》ねた場所と信じられている。カアバの北西壁と低い半円形の壁ハティーム（かつて聖所はこの地点まで達していた）の間、すなわちいわゆるヒジルに、イシュマエルと彼の母ハガルの墓がある。中庭にもう一つ、小さいが目につく建物がある。マカームと呼ばれ、そこからいくつかの派の礼拝指導者が礼拝《サラート》を指導する。大モスク自体は、回廊の屋根をトルコのスルタン、セリム二世が一五七二年から七七年にかけて無数の円錐形ドームに変えて以来、手が加えられていない。(9)

預言者はメッカを征服したときに、カアバ神殿の周囲に並んでいた石造りの偶像を破壊させた。それは三六〇体にも上ったといわれ、星晨崇拝を特徴づけるものであった。預言者はさらに、愛の女神の聖鳥であった木製の鳩も叩き潰した。そのせいか、現在、神殿に住む無数の鳩が、決して神殿の屋根を汚さないそうである。またセム族の聖所すべてがそうであるように、カアバ神殿の存在によって周辺は聖域すなわちハラムとなった。町そのものの境界線を越えて広がるその聖域は、人と獣にとって休戦の場所であり聖庇所である。そこでは特定の有害なものを除いて、動物が殺されることは一切ないし、罪人は誰一人処刑されず、一本の灌木すら切り倒されないことになっていた。イスラームがそれらの規制を永久に残した。

この大神殿は、訪問者にどのような印象を与えるのだろうか。一九〇八年に神殿を見たイギリス人の旅行者が、次のように記している。「常ならぬ……強烈な印象を受けた。美しくなく、壮大だとも言い難い。しかしその奇妙さは、人に畏怖の念を抱かせる。人は本能的に、何か特殊なものを目にしていると感じる……」(10)。あの有名な北アフリカ人の旅行家イブン・バットゥータ（一三七七没）の反応も、もちろんかなり強調されているが、若干似ている。「最も壮麗なカアバ神殿は、大モスクの中央に建つ。その外観があまりにも特異で、その光景があまりにも見事であるがために、何者もその奇想天外な姿を適切に語り得ないし、どのような描写をもってしても、その完成度の高い美を描き尽くし得ない」。

一九〇九年にメッカを訪れたエジプトの官吏、バタヌーニーが言う。「奇妙なことに、初めてカアバ神殿を目にする人は皆、非常に動揺する。それは彼らが、珍しいものを目《ま》のあたりにしていることによるのではなく、畏怖の念に圧倒されていることによる。彼らは、その宗教心を高揚させる光景に、骨の髄まで揺さぶられている。この壮観を目にして、ある人は自らが無力であることに気づいて、礼儀正しく謙虚な態度でしばらく佇む。ある人は驚きの声を上げ、支離滅裂な言葉を発する。またある人は涙に咽《むせ》び、声を詰まらせ、呼吸も途切れがちで、すすり泣くばかりである。個々人の神を畏れる度合いは、信仰の強さ、信心の堅さに比例する(11)」。

メッカにはイフラーム、すなわち清浄な状態で入らなければならない。ラクダの御者など、職業がら頻繁に町に入ることを余儀なくされる人々を除いて、聖域訪問者のすべてがハッジュまたは時期を限定されないウムラ(いわゆる「小巡礼」)、またはその両者を果たさなければならない。したがって彼らは旅のどこかの地点で、俗界を脱することを義務づけられる。それは家を出発する時でもよく、道中のどこかでも差し支えない。しかしどんなに遅くても、メッカに向かう幹線道路それぞれの、ハラム(聖域)から少し離れた地点に慣習によって設けられたミーカート(集合場所)で、行なわれなければならない。海路で訪れる巡礼者は、船が陸上にあるミーカートに最も接近したとき、あるいはジッダで、俗界を脱する。

巡礼は礼拝と同じで、清浄な状態でなければ開始できない。したがって、ミーカートに到着したメッカ巡礼者ハーッジュは、先ず全身を清める。また、清浄な状態の間は儀式上の制約が課され、毛髪を剃ること・切ること・抜くこと、爪を切ること、体を洗うこと、香油を塗ることが禁止されるほか

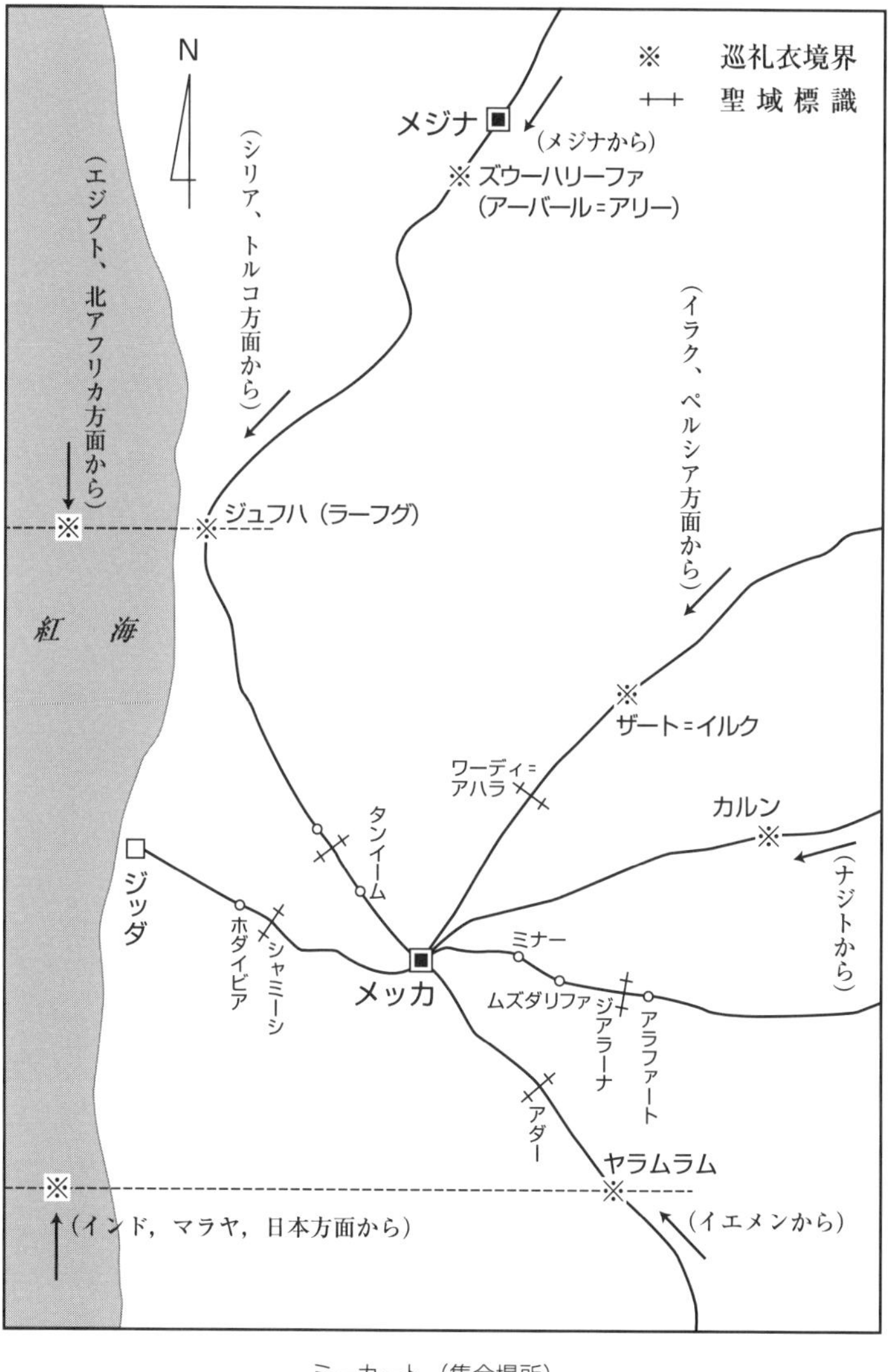

ミーカート（集合場所）
(座右宝刊行会編，世界歴史の旅5「西アジアとイスラムの国」小学館，1969をもとに作図)

服装にも細かい規定があり、縫目のない、できれば白い布を二枚、身につける。この布も清浄な状態と同じく、イフラームと呼ばれる。男性は臍から膝までを覆うイザールと、左肩、背中、胸を覆うように巻くリダーを着用し、右腕は自由にしておく。布の材質には規定がなく、絹と装飾性の高い布だけが禁じられる。頭は覆ってはならないが、日傘の使用は許される。足の甲も覆ってはならない。律法には女性の服装は特に規定されていないが、長い衣で頭から足までを覆うことが慣習で義務づけられている。顔は本来覆ってはならないので、女性の巡礼者は、面をつけて布が肌に触れないようにして顔を隠す。何日も、厳密にいえば夜も、体をこれらの布で覆うだけで過ごすのであるから、ハッジュ期の極度の不自由が偲ばれるだろう。

律法学者は、血を流すこと、植物を抜くことなど、ムフリム（イフラームの状態にある人）が犯す可能性があるあらゆる違反を想定して、すべての違反が、犠牲獣を献げること、あるいは貧しい人に小麦を分け与えることで償えるとしている。唯一の例外は性交で、この場合、巡礼は無効となる。イスラームの神学者はハッジュ（巡礼）とサラート（礼拝）の類似性を強く感じている。その類似性は、「清らかな状態」、すなわち俗界との絆の徹底的な切断を要求するのは、この二つの宗教行為だけであることから、一層強調される。この俗界から聖界への移行は、巡礼中に最初のタクビール、すなわちタクビーラト・アル・イフラームとして知られる「神は偉大なり」を叫ぶことによって、有効となる。

イフラームの期間に守られるべきことと、古代のセム族の儀礼との関連を見ることは容易である。衣《ころも》は、異教時代のアラブの死装束フッラや神々の衣装と同じで(12)、おそらく古代セム族の聖衣である。

『旧約聖書』に登場する大祭司の上着には、縫目がなかった。ユダヤ教の聖職者が腰に巻いたエポデや肩に掛けたメイールは、白であった。また、ユダヤ教の葬儀では弔う者も司祭も素足で歩き、弔う者は水浴びや爪を切ることを禁じられた。イスラーム以前の異教の泣き女は、穢《けが》れたふしだらな女として記されている。多少の違いは見られるものの、『旧約聖書』を通して我々に馴染みの散髪の禁止については、ムフリムは、自らの一部分であり自らを表すものとも考えられる毛髪を聖所に献げることによって、浄められると考えられてきた。

イフラームの状態に入るとき、巡礼者は「ニーヤ（意志）」を表明しなければならない。すべての献身的な行為、とりわけ礼拝と巡礼は、「意志」を表明してはじめて有効となる。したがって巡礼者は、彼らがハッジュ（あるいは小巡礼ウムラ、あるいは両者）のために、神への義務行為として、イフラームの状態に入ることを言明しなければならない。一旦、「意志」を述べてイフラームに入ると、目的の変更は許されない。開始時点では、ウムラとハッジュの両者を行なうという「意志」表明をできるが、ハッジュに限定後、ウムラを加えることはできない。

ニーヤを言明したあとは、神聖な状態にあることを示すために不可欠の、タルビーヤすなわちラッバイカ（「お仕えします」）の詠唱を行なう。その際、はっきり唱えなければならないが、叫んではならない。なぜなら「呼掛けを聞く御方は聾でもなく、遠くにおられるわけでもない」からである。タルビーヤの主要部分はイスラーム以前に起源を持つ。若干の異型があるが、通常、次の言葉で成る。

ここにいます、ああ我が神よ、私はここにいます（あるいは――お仕えします、ああ我が主よ、
あなたにお仕えいたします――ラッバイカ・アッラーフンマ・ラッバイカ）。

比類なき御方、私はここにいます。

賞賛、恩寵、まことにあなたのもの、王国も――

比類なき御方、私はここにいます。(13)


サラートのときにタクビールが繰り返されるように、ハッジュでも新たな状況が発生するたびにタルビーヤが唱えられる。他のキャラバンに出会ったとき、坂を登るときと下るとき、そして巡礼に含まれる数箇所の聖所に近づいたときなどである。ウムラをする人（ムッタミル）は、カアバ神殿に到着後はタルビーヤを行なわないが、ハッジュをする人は諸々の儀式のほぼ最後まで、すなわち清浄な状態から脱して「俗人に戻る」まで、タルビーヤを続ける。

巡礼者は聖地に到着後できるだけ早く、柱廊の北東部分にある北門（平安門とも呼び得るサラーム門）から大モスクに入り、アーチ型のバーヌー・シャイバ門を通って黒石に向かう。次にカアバ神殿を常に左手に望んで、タワーフ（「お巡り」、神殿の周りを七周）をする。もし巡礼者がウムラ（あるいはウムラとハッジュ）をする場合は、かならずタワーフをしなければならない。ハッジュだけをすると表明している場合、タワーフは「到着のお巡り」または「挨拶」と考えられ、不可欠ではないが推奨される。元来タワーフは、ウムラでのみ行なわれていたと思われる儀式で、それをハッジュに加

えたのは、ほかならぬムハンマドである。いずれにせよ、石や祭壇など、どのようなものであれ、聖所とされるものの周囲を徒歩で、あるいは走って回る儀式はイスラーム以前にもあった。それを証言する当時の詩歌では、野生の雌牛が偶像の周囲を回る処女に例えられている(14)。またタワーフは、ユダヤ教の儀式にも起源を辿ることが可能で、かつてユダヤ教徒は仮庵《かりいお》の祭り*のときに、最初の六日間は一日に一度、七日目には七度、祭壇を回っていた。最近では七度のタワーフが、一部のイスラームの聖者の墓でも行なわれるようになった。

* 春の過ぎ越しの祭り、夏のはじめの五旬節とならぶユダヤ教の三大祭りの一つで、ユダヤ暦ティシュレ月(太陽暦の九―一〇月)の一五日から一週間行なわれる。

メッカのタワーフはかならずマターフ(カアバ神殿周囲の舗装された楕円形の場所)の上で、ときには素足で行なわれる。シャーダルワーン(大理石の補強部分)を踏んではならない。かつて異教徒が何も身につけずに回っていたが、その慣習は預言者によって廃止された。七度のうち最初の三度は、ラマル(早足)で行なう。その際、リダーをイドゥティバーにする。すなわち、「右脇にリダー(上半身に巻く布)を通して、両端を左肩の上で結ぶ――右肩と右腕は露出したままにしておく(15)」。ついでながら、タワーフの間に、黒石に口づけをしなければならない。もし人が多くて石に近づけない場合は、手あるいは杖で触れて、触れた部分を顔にもっていく。もう一つの石が反対の角にはめ込まれているが、それには触れることだけが義務づけられていて、口づけはしない。タワーフが終了するまで、常に定められた祈禱を唱えていなければならない。七度回ったあと巡礼者は、ムルタザム(カア

サイ（走行）
（Hussein Y. Hirashima : *The Road to Holy Mecca*, Kodansha International, 1972より）

バの東角と扉の間）に体を押しつける。続いてマカーム・イブラーヒーム（アブラハムの立ち処）でラクア（お辞儀、一〇一—一一頁参照）を二度行ない、ザムザムの水を飲む。七度のタワーフの延べの距離は、約〇・九マイルである。タワーフが重要であることは、ハッジュの語源が「円を描く」であるという事実にうかがわれる。換言すれば、巡礼はその名を、この要《かなめ》を成す儀式に拠っている。

さてここで巡礼者は、回廊の南東部分にあるサファー門を左足から出て、モスクを離れる。そして小道を通ってマスアー（「走る場所」）に行く。マスアーはかなり広い通りで、市内の主要な市場の一つである。始点には、数段の階段を持ち、石で覆われた小さな壇状の丘、サファーがある。この丘からカアバは見えないが、巡礼者はここでカアバの方を向いて礼拝をする。その後マスアーを、大モスクの南東の角に沿って進む。そのときマスアーの脇にそびえる大モスクの壁に、石柱がはめ込まれているのが見える。それと向き合って道の反対側にも、同様の柱が立っている。少なくとも七世紀前から、どちらも緑に塗られている。巡礼者は柱の六歩ほど手前で突然、走り始める。これはハルワルと呼ばれ、八〇ヤードほど前方の、二本の同様の柱を通過するまで続けられる。その後マスアーの端まで、それぞれの人の普通の歩調で進む。ここでマスアーに再び丘が現れるが、マルワと呼ばれ、サファーより少し高い。この丘で神への呼び掛けを行なったあと、巡礼者はサファーに戻る。マスアーを三往復半することが義務づけられているが、延べの距離は二マイルにも満たない。

サイ（「走行」）の終点はマルワの丘である。ウムラ（小巡礼）をするムッタミルは、終点で髪を切ってもらうことによって「俗人に戻る」。一方、メッカ巡礼をする人ハーッジュは、巡礼が終わるまで清らかな状態を保たなければならないので、髪を切る仕草をしてもらう。タワーフ（お巡り）がそれ自体で価値のある功徳の高い行為とされるのに対して、サイ（走行）は儀式として独立していない。元来このコースの両端に、イサーフとナーイラと呼ばれる二体の偶像が置かれていて、人々はその間を走ったようである。イスラームの後世の伝承には、かつてこの二つの丘でアダムとイヴがしばらく休憩した、とある。また別の伝承には、渇きで死に瀕していたイシュマエルのために、ハガルが水を求めて、サファーとマルワの間を七回走ったと記されている。ハルワル（石柱の間を走ること）については、サタンが谷に身を潜《ひそ》めて待ち伏せしていたので、アブラハムがそれから逃れるために走ったことに由来する、と説明される。

　元来タワーフとサイは、それぞれが独立した儀式であった。それが統合されたのは、メッカに点在していた祭りをすべて統合するためであった。統合によって、それらの儀式をカアバ神殿、すなわちイスラームの信仰の中心として重要性を与えられた聖所に、関連づけようとしたのである。『コーラン』にはサイがかならずしも、小巡礼に含まれる儀式ではなかったと明記されている。「まことにサファーとマルワとはアッラーの聖跡の一部であるから、聖殿巡礼をする人や、聖地詣でをする人がこの二つ［の丘］のまわりをおめぐりすることは決して罪ではない。［何によらず］善いことを自分から進んで行なう人があれば、アッラーは充分感謝し、かつそれをお認め下さる（『コーラン』二章一五三節）。イスラームが、古来行なわれていたアラファ（あるいはアラファート）への巡礼をカアバ神殿への巡礼に結びつけ、ハッジュの儀式として包括したのも、理由は同じである。

　ハッジュが本格的に開始されるのは、イスラーム暦の最終月ズール・ヒッジャ月八日である。七日には、目前に迫った数々の儀式についての詳しい説明がカアバ神殿で行なわれるので、巡礼者はそれに耳を傾ける。翌日彼らは、東の道を通って、ミナーと呼ばれる村（今日は通常、ムナーと発音）に行く。この村は周囲を険しいはげ山で縁取られた狭い谷にあり、岩山の北には、さらに高くタビール山がそびえている。村には二、三の立派な建物のほかは店と宿があるだけで、短い祭りの期間を除いて年中荒涼としている。巡礼者は預言者にならって、メッカから約五マイルのこの村で一夜を過ごすようにと義務づけられているが、最近は慣例として、さらに約九マイル東のアラファにただちに向かう。

アラファは広い平原で、東の端に同名の山がある。この山はむしろジャバル・アッ・ラフマ（慈悲の山）として知られ、高さは一五〇―二〇〇フィートである。幅の広い六〇段の石段が、先ず左に次に右に曲がって、台状の場所へと続く。(16) ここでズール・ヒッジャ月九日に、高官（通常メッカの法官カーディー）が、ラクダの上からフトバ（説教）を二度行なう。西洋の目撃者たちの記述と矛盾するが、この説教は儀礼に不可欠ではない。しかし、いわゆるウクーフ、すなわち太陽の南中直後から日没まで「（神の前に）立つこと」の大部分が、説教に費やされる。説教はいわば道徳的常套語句で成っているが、しばしばラッバイカ（「お仕えします」）の詠唱で遮られる。また、ごく近くの人以外には聞こえないので、ウェイヴェルというヨーロッパ人の目撃者は、説教が行なわれたことにまったく気づかなかった。

伝承には、アラファで立つこと（ウクーフ）がハッジュであると、簡潔に記されている。すなわちウクーフはハッジュに不可欠の儀式で、それに参加しなければハッジュを行なったことにならない。この時期以外は顧みられることのない平原が、何万、何十万の人々で満たされる。宗教的な言い伝えでは、アラファに集う巡礼者は常に七〇万人である――実際の数と理想の数との差を埋めているのは、

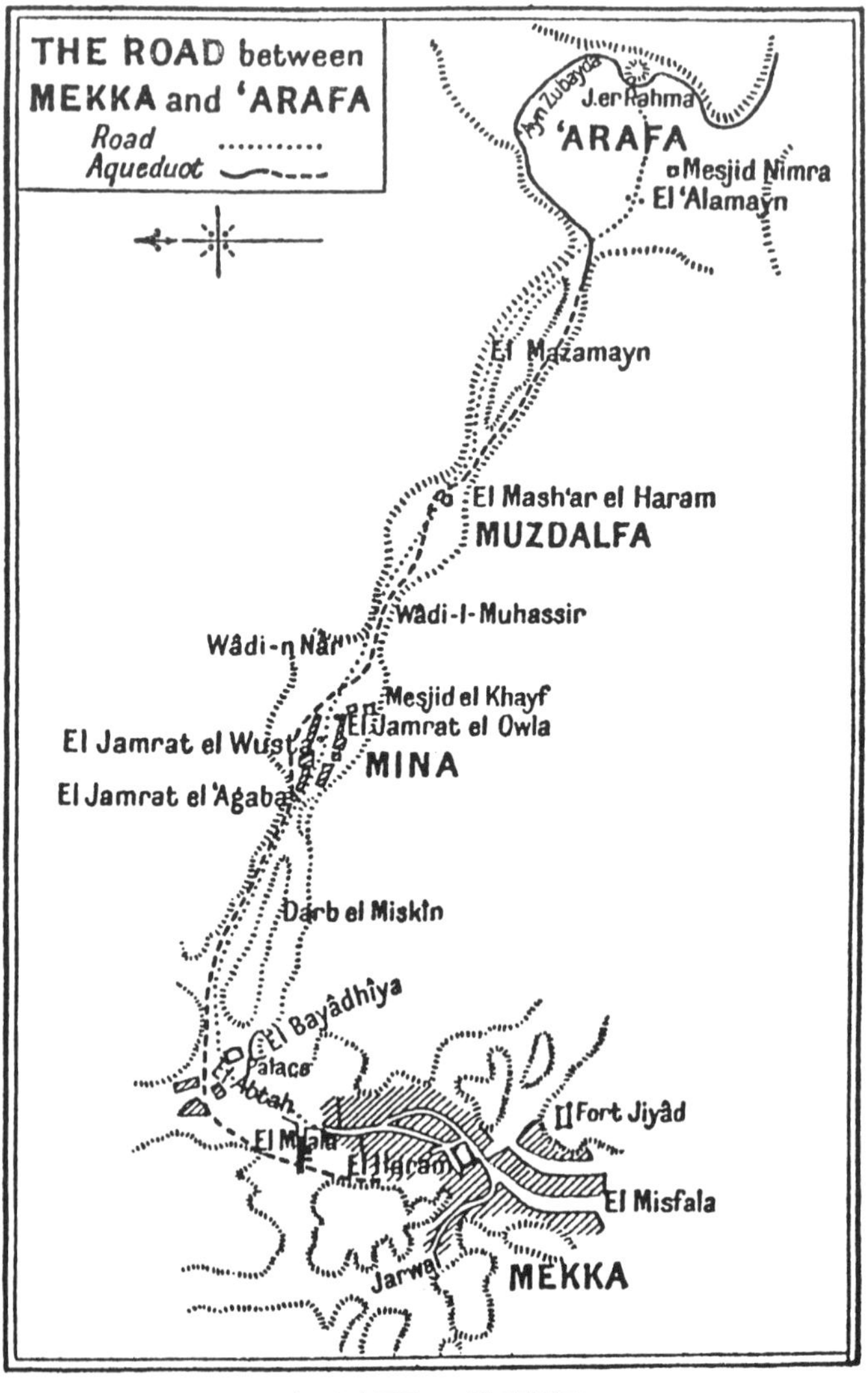

メッカとアラファ間の巡礼路

いつも天使である。テントが建てられ、小さな店が設けられて、村は数時間、活気を呈する。日没が近づくとテントはたたまれ、人々はミナーへの帰路の中ほどにある、ムズダリファに向けてのイファーダ（離散）の合図イジャーザ（お許し）を待つ。「疾走する群衆に追い立てられた馬が引き起こすすさまじい混乱、そして軍楽をバックにした絶え間ない銃声と喧騒の只中を、誰もがムズダリファに向けて突っ走る。ハラム（聖域）の境界を示すアラマインと呼ばれる二本の柱（あるいは道標）を通りすぎるとすぐ、あたりは夕闇に閉ざされ松明に火がつけられる。花火が打ち上げられ、兵士が銃を連発する」[17]。異教徒のイファーダにならった習慣は、ムハンマドが自制心を欠く行動であると非難したにもかかわらずこのように続けられ、結局、極度に危険な行き過ぎをサウジの警察が禁止した。

ムズダリファではモスクにイルミネーションがつけられて、巡礼者は眠らずに一夜を過ごす。翌朝、もう一度ウクーフ（立つこと）が行なわれ、その間、再びメッカの法官によって説教が行なわれる。人々はムズダリファにいる間に、ミナーで行なう予定のいわゆる悪魔へのラジュム（石投げ）のために、小石をそれぞれ七〇個集める。再度、「離散」をしてミナーに行くが、そのとき道中の一区間で、サイで義務づけられている小走りのハルワルをしなければならない。ミナーに到着後、大通りに数百ヤードおきに設けられた三個のジャマラート（石柱）のうち、西の端にある最大のジャマラート・アル・アカバに、集めた石のうちの七個を投げる。ミナーへの「離散」は、道中で歌われる出所不明の歌に、「朝の光の中に入れサビール（の山）よ、我らの足が速められるように」という一節があるように、イスラーム以前は日の出どきに行なわれていた。預言者はハッジュにこの行為を加えたが、実施時刻を早めて、太陽崇拝的な性格を排除した。アカバ（一般に「大悪魔」と呼ばれる）は、高さ三ヤード、幅一ヤードの稚拙な造りの柱で、高さ一ヤードあまりの水盤状の囲い地に立っている。

このズール・ヒッジャ月一〇日には、清浄な状態にある巡礼者ムフリムを俗界に戻す儀式など、さまざまの儀式が行なわれる。これらの「俗人に戻る」儀式の第一として、アカバへの石投げが行なわれ、一度投げるたびに「アッラーの名において、アッラーは偉大なり」と唱える。この石投げのあと、タルビーヤはもはや唱えられない。ハッジュの主要部分は終了する。しかし巡礼者はまだ、いくつかの儀式――敬虔な信者にはハッジュと不可分の儀式――を課されている。とりわけ、羊、山羊、牛またはラクダを犠牲として捧げなければならない（牛、ラクダについては、共同で行なうことが許される）。犠牲の獣を供えることから、この日はヤウム・アン・ナフルと呼ばれる。儀式はミナーのどこで行なっても差し支えないが、アカバの近くが好まれる。それは、アブラハムがイシュマエル（イスラームの伝承に、『聖書』のイサクに代わって登場）を献げる準備をしたときに、神が身代わりとして牡羊を授けたのがアカバだからである。したがって一時間あまりのあいだに、何千頭もの動物が屠られる。その肉を貧しい人に与えることは、功徳の高い行為とされる。しかし現実には、屠られた動物の大部分が周辺に放置されたり浅い穴に埋められたりするので、非常に不快で非衛生的でさえある。政府は地域の消毒、あるいは適切な屠殺場の設置など、打開策を検討している。(18)

犠牲の獣を捧げたあと巡礼者は頭を剃るが、女性は髪を少しだけ切ってもらう。これを終えるとイフラームを解くことができる。性的制限を除くすべての制限から自由になるが、完全に自由になるのは、ハッジュで三度目のイファーダ（離散）をしてメッカに戻ったときである。メッカに戻った日はタワーフ（お巡り）をしたあと水を浴び、ザムザムの水を体に振りかけてもらう。その後ミナーに戻ってそこでタシュリーク、すなわちズール・ヒッジャ月一一日から一三日までの夜を過ごす。タシュリークという語はかならずしも納得のいく説明にはなっていないが、通常、帰路の保存食用に「肉片を日に干すこと」と説明される。巡礼者はこの期間を、飲んだり食べたり官能的な快楽に耽ったりして過ごす。毎日三個の悪魔それぞれに、小石を七個ずつ投げることが義務づけられているが、それ以外は自由行動を許される。この騒々しい行事で蓄《たま》った石はメッカに運ばれ、大モスクの砂利石として用いられる。(19) 律法では、ミナーの滞在期間を二日に短縮することが許されているが、現政府は、人々を規定通り引き留めておきたいようである。(20)

巡礼者はメッカを去って家路につく前に、ウムラト・アル・ワダー（別離のウムラ）をすることを期待されている。身を浄めるためには、ハラム（聖域）の境界線（通常アッ・タンイーム）でイフラームを行なわなければならない。

ミナーで犠牲の獣を捧げるときからタシュリークの期間を通して、イスラーム世界全土で大祭すなわち犠牲祭（イード・アル・カビール、イード・アル・アドハあるいはイード・アル・クルバーン、トルコ語ではビュユック・バイラム）が祝われる。イスラーム教徒は、経済的に可能で自由の身であれば獣を捧げることを命じられるが、律法では義務づけられていない。ただ、誓願の成就を感謝する場合は義務づけられていて、そのとき捧げる人は犠牲獣の肉を食べてはいけない。この日は共同体の礼拝が、通常の金曜礼拝よりも多少古風な形式で行なわれる。人々は新しい服を着て贈物を交換する。また墓を訪れるが、テントを張ってそこで一夜を過ごす人もいる。

イスラーム以前の儀式と新しい宗教の儀式との関連は、驚くほど曖昧である。カアバ神殿の周囲で行なわれる数々の儀式はおそらく別として、観念的にも、神話的にすらも、統合の試みがまったく見られない。ただ預言者ムハンマドの行動と訓戒だけが、イスラームとイスラーム以前の崇拝を関連づけている。イスラームの教理のどこにも、アラファで「立つこと」を特にイスラーム以前の巡礼の頂点とする、との示唆は見られない。聖地に巡礼をして主の前に「立つこと」は、アラブがヘブライ人と共有する儀式である。それは「男子はみな、年に三度、主なる神の前に出なければならない」(「出エジプト記」二三章一七節)に見られるとおりである。しかもシナイの宿営でイスラエルの民は、身を「浄め」衣服を洗って、三日目には準備が整っているようにと言い渡されている。すると「モーセが民を神に会わせるために、宿営から導き出したので、彼らは山のふもとに立った」(「出エジプト記」一九章一七節)のである。ムハンマドはマウキフ(神の前に「立つ場所」)を、土着の神の聖地とされていた狭い場所から、平原全体に変更すると宣言することによって、アラファのウクーフの異教的性格を変えた。同様に彼はミナーで犠牲の獣を捧げることについても、ミナーの全域をマンハル(犠牲の獣を捧げる場所)にすることによって、その儀式を土着の神から取り上げ、自らの使用のために作り変えた。

イスラームがアラファで排除した神については何も知られていないが、石投げの儀式によって追い出されたのは、鬼神としての太陽であった可能性が非常に高い。ミナーでの灼熱の太陽との戦いは、ムズダリファで行なわれる豊穣をもたらす雷神クザに敬意を表す儀式とうまく結びつく。またズール・ヒッジャ月八日はヤウム・アッ・タルウィヤ（潤《うるお》いの日）と呼ばれ、雨乞いの儀式を暗示する（今日、この日は、単に巡礼者が祭りのために水を準備する日と解釈されている）。巡礼者がザムザムの水を振りかけることは、その儀式の名残と考えられるかもしれない。

　これらの儀式を新しい宗教に採用することは、当時、それらの神々の崇拝者の脳裡に、儀式の本来の意味がすでに希薄になっていなければ、まず起こらないことであろう。同じことが、ウムラ（小巡礼、字義「崇拝」）についても言い得る。ウムラはどういうわけか、イスラームの中で古来、独立した存在物である。信仰の「柱」ではなく任意のもので、義務を越える個人的な献身的行為、と性格づけられている。しかしウムラも、かつては儀式に不可欠であったカアバ神殿で犠牲の獣を捧げる儀式が廃止されたり、走行《サイ》を含むようになったりして、異教徒の目には本来の意味を失なってしまったように映る。ウムラは元来、初穂の祭りであった。過ぎ越しの祭り*と同じく春の初めのラジャブ月に祝われていたが、イスラームが努力して、自らが神聖な月とするラマダーン月に変更した。もっとも、この祭りの性格と実施時期との関連が忘れられて久しい一二世紀においてすら、土地の人々はウムラを、他のどの時期よりもラジャブ月に行なうことを好んでいた。同様にハッジュの儀式の基本的な姿も、ある意味では、イスラームの基本的教理から離れているにもかかわらず、そのことは、過去にも現代においても、巡礼が信者の心に与えている絶大な威力を決して損なっていない。

＊ ユダヤ教の三大祭りの一つで、ユダヤ暦のニサン月一四日の夜（太陽暦の三月か四月）に始まり一週間続く。

従来のやり方で行なわれたメッカ巡礼が非常に困難であったことは、おそらく一般には認識されていない。厳しい気候条件のもとで、何の慰めもない人里離れた土地を通るキャラバンの旅は、不快で緊張を伴うものであった。その度合いは、最終段階でイフラームを着て宗教心が高められること、とりわけベドウィンの襲撃の恐怖に絶え間なくさらされることによって、一層高まった。巡礼者が身の安全を確信できるようになったのはほんの二〇年ほど前で、アラビアの北部と西部の全域で、サウジ家の権力が確立されてからである。それ以前は政府も個人的なキャラバンの隊長も、ベドウィンの勢力範囲内の牧草地を通るときは、それが慣例であっても、彼らを買収して保護を受けることを余儀なくされた。しかもそのような下準備すら、巡礼者に苦痛のない旅を保証するわけではなかった。今日では船やバスさらには飛行機の使用によって、ハッジュは時間的に短縮され、以前にくらべて快適になっている。「一種の懲罰」といわれた類いの巡礼の旅をする人は、次第になくなっている。

キャラバンは通常、シリアからほぼ三〇日、エジプトから三七日を要した。多くが六〇〇〇人ほどの、さまざまな境遇の人々で構成されていて、政府が指名したアミール・アル・ハッジュ（巡礼指揮官）に率いられていた。指揮官は道中で巡礼者を指揮しただけでなく、彼らの行動を監督し、儀式では指導者を務めた。彼はまた道中で巡礼者が死亡した場合、その携帯物をすべて相続した。また、コンスタンティノープルとカイロの寄付者名簿に名を連ねる夥しい数のメッカの年金者に、毎年の支払金を届ける役人が、指揮官の部下として同行していた。

キャラバンの出発は帰還と同じく、通常、入念な儀式で祝われる。たとえばエジプトでは、キャラバンの出発予定日に三週間ほど先立つ前祝いで、キスワ（カアバの覆い布）の行列が見られた。キャラバンが実際に出発する数日前には、マフマル（より厳密に言えばマフミル）を中心とする行列も見られた。マフマルは手短に言えば、派手に飾りつけられた儀式用の輿《こし》のようなもので、キャラバンはそれを担いで聖地との間を往復する。E・W・レインの有名な一八三五年の記述は、現在にも通用する。

「それは木製で、四角い骨組みの上にピラミッド状のものが乗り、その上に黒の金襴の覆い布が掛けられている。布には、金糸で文字と装飾的な図柄の刺繡が（一部分は緑あるいは赤の絹を下地に）施されている。覆い布の周囲には絹の縁飾りがつけられ、そこに銀の鈴のついた房状の飾りがいくつもつけられている。図柄は、かならずしも同じではない。しかし私が目撃したものにはすべて、正面上部に黄金でメッカの神殿の光景が、その上にスルタンのイニシャルの組み合わせ文字が見られた。マフマルには何も入っていない。ただ外部頂上に、ムシャフ（『コーラン』の写本）が二点（一点は巻物、もう一点は普通の小型の本の形をしたもの）、それぞれ、銀メッキのケースに納められて重ねて載せられている……。マフマルを運ぶのは背の高い美しいラクダで、そのラクダは特権として一般に、残る生涯をすべての労働から解放される」。

マフマルの後ろには通常、全裸に近い姿でラクダに乗った「ラクダのシャイフ（老人）」が続いた。人々は彼が旅の道中、たえず頭を回し続けると信じていた。レインが訪れる数年前までは、「頭を覆わずに、シャツ一枚しか身につけていない老女も、マフマルのメッカへの往復について行った。彼女はラクダの上で自分の横に、いつも五—六匹の猫を座らせていたので『猫の母』と呼ばれた」[21]。「猫の母」は、後に「猫の父」に変更された。この慣習は、古代エジプトにおけるデルタのブバスティスへの巡礼の名残と考えなければ、解釈が困難であろう。ギリシアの歴史家へロドトスは、この女神（彼女はギリシア神話のアルテミスに比定）のもとへ巡礼をするときに、猫を同行するのが習慣であったと述べている[22]。

エジプト政府が今世紀の初めに約二五万ドルの経費をかけたマフマルは絶大な崇拝を受け、特に帰還したときは、バラカ（ご利益）にあずかろうとする人々が、少しでも触れようと集まって来る。マフマルの起源は明らかではないが、アラブの異教徒の携帯用聖壇が発展したようである。それが一部の地域で図らずも今日まで生命を保ち、放浪中や戦争のとき、部族の所在を示す目に見える中心となっている。エジプトのマフマルについての証言は、一三世紀にさかのぼる。当時マフマルは主権と独立の象徴で、エジプトだけでなく、シリアやイラク、イェメンのキャラバンが、メッカやアラファへと携えた。

エジプトのマフマルが、とりわけ名声を博したことは、マフマルの慣習が最初に記録されて以来二五〇年間、エジプトがヒジャーズ地方に、政治的優越性を保持していたことを反映している。シリアのマフマルは、第一次世界大戦以後、中止された。エジプトは、サウジ政府がエジプトのマフマルに同行する武装した護衛について、主権の侵害であると抗議をしたので、何年間かマフマル、キスワの両者共、送ることを中断した。しかしその後また、古い習慣が再開された。

エジプトの博学者アッ・スユーティー(一四四五—一五〇五没)が、書記官イブン・ファドル・アッラーフ(一三〇一—一三四八没)の記述から引用するところによれば、キャラバンがカイロを出発するときは、通常、食糧や水だけでなく医薬品も準備し、医者や眼医者、死体洗浄者を同行した。(23) 衛生面の問題は巡礼に不可避で、関係諸国の政府を悩ませてきた。とりわけヨーロッパで初めて一八三〇年に、つづいて一八三七年にコレラが発生し、その感染経路にメッカから帰還した巡礼者たちがいたので、なおさらであった。紅海を挟んで両側に検疫所が設けられ、衛生面の諸々の管理が行なわれたが、成果ははかばかしくなかった。その一因として、当時、諸聖地を版図に収めていたオスマン・トルコ政府の協力が微温的であったことが挙げられるが、ヨーロッパ人の係官が巡礼地へ立ち入れなかったことも、事態を一層深刻にした。また、メッカへの陸路のすべてに目を配れなかったことも、事実である。イスラーム教徒の人口が多い植民地を持つヨーロッパ諸国の政府も努力をしたが、ヒジャーズの衛生状態の改善に特に顕著な貢献をしたのは、自国民を感染から守ろうとしたエジプトであった。

このような努力は、諸外国の干渉やそれに伴う批判に憤るサウジ政府との間に、しばしば緊張をもたらしている。巡礼を医学的見地から見て安全にするために、前任者のいずれをも凌ぐ業績を残したのがイブン・サウードである。ジッダには細菌検査所が設けられた。大都市の病院が整備され、救急車が配備され、国中の検疫施設が改善された。また、巡礼者が自由に利用できる井戸や、薬局を備えた休憩所が設置されただけでなく、メッカやミナーなどにホテルが建設された。依然として多くの課題が残されているが、著しい進歩が見られる。

サウジ政府は、ガイド養成所も創設した。ここで養成されるガイド（ムタッウィフ、字義「タワーフの指揮者」）は、外国人訪問者には不可欠で、一切の面倒をみるが、しばしば、客がジッダに上陸した時点から故国へ出発するまですべての世話をする。宿泊施設の供給、必要に応じて郊外のアラファ、アッ・タンイームなどへ乗って行く動物の手配のほか、複雑ないろいろの儀式が、規定どおりの、あるいは慣例に従った祈願も含めて、正確に行なわれるように配慮もする。巡礼者の大半がアラブではないので、この仕事は必ずしも容易ではない。また彼らムタッウィフは、シャイフ（長老）を頭にギルドを構成していて、シャイフに適切な贈り物をしなければならないし、政府によって課税されている。ギルドは数個のグループに分かれ、各グループが特定の国または地域の巡礼者を、分担して受け持つ。したがってガイドが担当する地域はいつも決まっているし、担当地域がかなり限定されているので、大挙して押し寄せる客の慣習に全員が精通している。メッカを訪れる外国人巡礼者の数は五―六万〔現在は巡礼者全体で二〇〇万を越える―訳者〕を下ることはまれで、それら巡礼者が要求するサービスにメッカの生存がかかっている。昨今は石油採掘料のために、ハッジュからの収入の重要性が著しく減少しているとはいえ、メッカが不況の年はサウジ・アラビアも不況である。

『コーラン』が「すべての都市の母」と呼ぶメッカは、その宗教的・文化的役割上、イスラーム教徒の意見を明瞭にし、それを伝達する上で重要な役割を果たしている。しかしその役割は、現実の政治問題に関係することはおそらくまれで、むしろ時を経て、思想の動向を決定するようなものである。メッカが神学の中心地として保守的であることは、疑問の余地がない。

イブン・サウードが一九二四年にメッカを征服したとき、イスラーム世界は、ある種の緊張をもって一連のできごとに応じた――一九二五年に国外から船で訪れた巡礼者はわずか三〇〇〇人であった。サウジ・アラビア国民はワッハーブ派で、『コーラン』の訓戒からの逸脱には何であれ、すべて反対するピューリタン的信徒だからである。したがって彼らは、華美な生活だけでなく、イスラームの「英雄時代」の人々に対する伝統的な崇拝（ムハンマドの「神格化」）や、聖典で十分に立証されていないハッジュに関する無数の慣習に、盛んに敵意を示す。ワッハーブ派は一九世紀初頭にメッカを二度占拠したことがあり、その際に、メッカの慣行の中で彼らが迷信的と考えたものを抑圧したときのきわめて急進的な行動が、人々の記憶に留まっていた。しかしイブン・サウードは、巡礼には手をつけなかった。イスラーム世界からの信頼は回復され、それがただちに、聖地を訪れる外国人旅行者の数に表れた。とはいえ、巡礼者を呼び込もうとするサウジ政府の数々の慎重な努力にもかかわらず、今世紀初めの四半世紀にくらべて、次の四半世紀のハッジュの参加者数は減少した。三〇年代の経済危機や第二次世界大戦、さらに、おそらく若干のイスラーム国で、信心が希薄になったことが原因である。

巡礼者はハッジュを終えると、メッカに長く留まらず速やかに家路につくことを、勧められている。

すべての都市の母で「神の隣人」として生活し勉学するために、何年も暮らす人もいるが、その場合、非常に熱心な信者でも、聖地への崇拝心が薄れてくる傾向がある。長い間聖地に安易に親しむにつれて、どうしてもメッカの生活の好ましくない面を認識するようになるからである。またメッカで積んだ善行は、他の地のものにくらべて高く評価されるが、罪を犯した場合は逆に罪が重くなるので、長い逗留は危険なしではすまないかもしれない。巡礼者は帰還すると名前の上にハーッジュの称号をつけることになるので、歓喜と尊敬の念をもって、おそらく祭りや儀式のように迎えられるだろう。そして、一般に共同体内部での評価を高められ、近隣の諸地域でも、宗教的情熱と伝道活動の中心となる。

巡礼者の宗教体験は、実際はどのような性質のものだろうか。複雑な儀式に、巡礼者はどのような精神的充足感を見出すのだろうか。当然、基本的義務の完遂と、永遠の幸福に到達するための意義深い前進を遂げた、という意識がある。しかしハッジュのそれぞれの段階で、参加する人の感情面の反応は異なるはずである。興奮の極みに達する数々の集団儀式の間、巡礼者は強い一体感と、彼らの宗教が持つ力と偉大さと、彼らが情熱的な服従心をもって応答する神の尊厳さに捉えられる。

「集い来たすべての人々が［カアバ神殿で礼拝をするために］そこに立ち、最も偉大な人々でさえ無に等しいほどに小さな存在にする至高の神であり、最も強く畏怖を生じさせる神に、最大の崇敬の念を感じる。もし我々がサラートの際の体の動きや手を上げること、あるいは謙譲心を示すために呟《つぶや》く

カアバ神殿を埋めつくす巡礼者たち
（朝日旅の百科『イラン／サウジアラビア／南イエメン』朝日新聞社, 1981より）

のを見ず、そしてもし、計りがたい偉大な存在を前にする人々の心臓の鼓動を聞かなければ、自らが、来世に移されてしまったかのように感じたことであろう。もっとも我々はその時まさに、来世にいた。我々は神の館《やかた》で、神のすぐ前にいたのである。我々とその場を共にしたのは、低く下げられた頭、謙虚な舌、祈るために張り上げた声、涙ぐむ目、畏怖の念と「預言者の」とりなしを求める清らかな思いのみであった」。神は遍在する。しかし「カアバ神殿は主の宮であり、主の偉大さと慈悲の場である。地球上の四方を隈《くま》なく捜しても、広さが七平方マイルにも満たない場所に、五〇万人の巡礼者が集い、それらの人々のすべてが心を一つにして、同一の言語で神に呼びかける場所があるだろうか。しかも彼らは人種も国語も異にしながら、全員が一つのキブラの方を向き、サラートでは子もなく親もなく、ならぶ者なき唯一神の慈悲のほかには、なにも望みを抱くことなく」揃って一つの所作をする（『コーラン』一一二章参照）。[24]

聖地から異教が締め出されてから、一三〇〇年以上になる。しかしベドウィンの信者の心は、依然として異教の信仰の特異な雰囲気を帯びている。『コーラン』は、遊牧民が宗教心を持つ可能性について、不信感で満ちている。「砂漠のベドウィンどもが『わしらも信仰します』と言っている。教えてやるがよい、『お前たちのは信仰などというものではない。まあとにかく回教徒になりましたというところ』」（『コーラン』四九章一四節）。ムハンマドが彼らに宗教教育を施せるかどうかの見込みについて述べた推測は、旅行家イブン・ジュバイルが一一八二年に巡礼を行なった際の次のような目撃報告によって裏づけられる。

祭礼の一〇日前に、数千人のイェメンの部族民が、食料品の現物交易とウムラを同時にするために、メッカに到着する。彼らは自分たちの国が肥沃であるのは、聖殿を訪問したときに持って帰るバラカ（ご利益）のおかげだと信じている。「したがって、彼らはアッラーとは有利な交易関係にある。彼らは目的を達成しようとするときに、聖典で示された伝統的な規範に従わない。また動機の真面目さだけはともかくとして、（イスラーム法で定められた）宗教的行為も一切行なわない。彼らが聖なるカアバ神殿の周囲を回る《タワーフ》ときは、子供が優しい母親に対するように、神殿に身を投げかける。つまり神殿のすぐそばに身を寄せて、神殿の幕に体をくっつける。彼らが幕にしがみつくときは、激しく引っ張るのでその場所が破れる……」。一方、そのあいだ彼らは絶えず熱烈に祈禱を唱えるので、近くの者はどっと泣き崩れる。しかし彼らが町にいるかぎり、他の者はタワーフをすることも黒石に触れることもできない。彼らのうちの三〇—四〇人は、あたかも鎖で繋がれたかのように、互いにしっかりとしがみついている。そして彼らがカアバ神殿の扉の所に上がろうとして、この「鎖」のどこか一カ所が切れると、揃って転がり落ちる。笑わざるをえない光景である。彼らの礼拝は、ベドウィンが行なう滑稽なことの中でも、とりわけ滑稽である。彼らは神殿の方を向き、一—二度、ときには四度も、額を地面に強く打ち付けて跪拝をする。また、規範を完全に無視した手順で所作を行なう。そのあと頭を地面から少し上げて、怯えたかのように左右に向ける。そしてシャハーダ（信仰告白）を唱えずに立ち上がり、ときには信者にとって「俗人に戻る」挨拶の言葉であり、サラート（礼拝）の正式の結語でもあるサラームを唱えることとすらしない。礼拝中は互いに叫び合ったり、大声で言葉を交わす(25)。

一九〇九年、バタヌーニーが、東部から訪れたベドウィンについて記している。それによれば、彼らは巡礼がアラファではなく、カアバ神殿で完結すると思っていたようである。彼らもまた互いに手を繫いで、集団でお巡りをする。そしてマターフ（神殿周辺の舗装されたところ）に他に誰がいようとも無視して、前進しながら叫ぶ「アッラー！　ムハンマド！　お仕えします！　お仕えします！　私はハッジュをいたします——あなたが承認されようが、されまいが、私はハッジュをいたします——あなたは承認されますか」と。女は、男の背中にしがみついている。黒石のところに来ると全員がそれに触れ、口づけをする。夫は妻にハッジュをさせたことの痕跡が残るようにと、妻の頭を石に打ちつける。それと同時に、夫は妻に叫ぶ「お前はハッジュをしたのかい、おう、ハーッジャ（女性のハーッジュ）」。彼女は答える「しました、しました、しました！」。そして次のように言いながら黒石の方を向く。「私はハッジュをいたしました。あなたの御主人さまにお伝えください、私はハッジュをいたしました」。そして彼女は空を仰いで続ける「あなたが私を承認されようが、されまいが、私はハッジュをいたしました。もしあなたが私のことを承認されないのであれば――是非とも承認されるべきです！」と。[26]

　巡礼の全体と個々の段階が持つ意味を精神的に解釈するには、ガッザーリーを待たなければならなかった。

　巡礼者が最初に要求されることは、ハッジュの宗教上の全般的な意味を理解することである。神に接近する方法は自己放棄しかないので、イスラーム以前の諸々の宗教の敬虔な信者たちは、世俗から隠遁した。この傾向が薄れたとき、ムハンマドが伝統を復活させるために送られた。しかしムハンマドが説明するように、主はイスラーム教徒に、修道生活と引き換えに聖戦と巡礼を与えた。また主は、自らと関係づけることによってメッカの殿堂に栄誉を与え、その殿堂を、あらゆる地域から主の前に謙虚に集おうとする訪問者の、最終目的地に指定した。そして一方で、いかなる殿堂も国家も、主を独占できないことを確認した。

　巡礼が信心の一層確かな証しとなるように、主は「悪魔」への石投げやサイ（走行）など、それ自体では知的にも感情的にも何ら訴えるところがない行為を、イスラーム教徒に課している。喜捨は知的にも納得できる戒律であるし、断食は悪魔の手管である欲望と戦うための効果的な手段であり、また祈禱は、服従と讃美を示す行為である。しかしながら、感情にも理性にも訴えるところのない命令を遵守することは、精神が効果的に浄められるという利点がある。規範の中の不可解な行為に疑問を持つことは、献身的行為の真の奥義を知らないことを示す。

カアバ神殿に向かって出発する巡礼者が心得ておくべきことは、彼らが、神に会いに行くのであるということと、殿堂を目撃することは、来世で主に目《まみ》える権利を得ることであると神自身によって約束されているということである。来世で神に目《まみ》えたいとの願望は、現世で巡礼をすることによってその出会いを実現したいという願望をかきたてる——とはいえ恋する人は何も報いを望まずに相手の姿を求めるものではあるが。したがって巡礼者は、自分が行なうことがらの重要性を自らの心に刻みつけ、巡礼をするにあたって、自らが誠実であることと、動機が清らかであることを確認しなければならない。また、彼らは自らの小さな世界との絆を絶ち、懺悔の心をもって誠実にそれまでの過ちを償わなければならない。あなたは家庭で王の命令を無視しているときに、王宮に行きたいと思うだろうか。王のおそばに行ったときに、反抗的な奴隷であるとの理由で追い返されれば、恥ずかしく思わないだろうか。家庭と故国への愛着を絶ち切れ。二度と戻らない運命にあるかのように出発せよ！　必要以上に携えてはいけない！　むしろ、神への恐怖心のみを携えて行く来世への、あの旅をする決意をせよ。乗るための動物を丁重に扱い、その背にあるときは、あの旅、すなわち葬儀——巡礼の完了以前であっても――のことを常に考えよ。

あなたはカアバ神殿に到着する前に、神に出会うかもしれない。信者がいつの日か、現世では身につけない装束、すなわち経帷子《きょうかたびら》をまとって神に出会うのとまさに同じで、巡礼者もふだんとは違う衣装であるイフラームを着て神殿へ行くのである。経帷子とイフラームの共通点は、縫目がないことである。巡礼が承認されるのは自らの行為によるのではなく、ただ神が慈悲を示し契約を成就することに依る。したがって巡礼者は旅の道中、神に承認されることを祈願しなければならない。タルビーヤ（「お仕えします《ラッバイカ》」の詠唱）は神の呼び掛けに対する応答であって、それは忠実な信者たちに、究極の運命について確信のないまま墓から立ち上がり集合しなければならない復活の日の、喇叭《らっぱ》に対する応答を思い起こさせるべきである。また、聖域に入るときに巡礼者は、懲罰を免れることを希望すると同時に、主のそばに仕える者として不適格であるとみなされることへの、恐怖も合わせ持たなければならない。ただし、希望は常に恐怖よりも強くなければならない。聖殿では聖殿の主を知る努力をし、遠路を守られたことへの感謝を主に献げなければならない。

「そして覚えておくように……復活の日に人々が天国に向かって、しかも誰もがそこに入れることを望んで押し寄せることを。またその後どのようにして、彼らが承認される者と拒否される者とに分けられるかということを――これは、巡礼者たちが、巡礼を承認される者と拒否される者とに分けられる（ことと同様である）。したがって何を目にしても、一瞬たりとも、来世を思い起こすことを怠ってはならない。なぜならハッジュのすべての状況が、次の世の状況を示しているからである」。

タワーフ（お巡り）はサラート（礼拝）である。あなたはタワーフによって、王座を巡る天使の似姿となることを意識しているべきである。タワーフの目的は、あなたの身体が聖殿を巡ることではなく、心が聖殿の主を巡ることである。したがってタワーフによって、巡礼は神聖になる。また「黒石は、神の地上における右手である」といわれていることから、黒石に触れることによって、あなたは神に敬意を表することになる。サファーとマルワの間を繰り返し往復することは、王宮で家臣が忠勤ぶりを示すために、また慈悲の念をもって顧みられることを期待して、繰り返す努力に似ている。不安のうちに、人は行きつ戻りつ歩《ほ》を運ぶ。二つの丘の間を行き来する人には、審判の日にバランスよくぶら下がっている自らの姿を思い浮かべさせるべきである。サファーは善行、マルワは悪行の象徴と考え、懲罰と許しの間を揺れ動くかのように往復するべきである。

アラファでは群衆や叫び声、諸々の言語や、指導者たちによって諸国民が一団となることなどから、あなたは終末の日の平原を考えるべきである。その日、恐怖に怯え途方にくれた諸民族が彼らの預言者たちのとりなしを切望してその周囲に集うであろう。謙虚であれ、しかし希望を持て。全員がその願いを一致させるとき、神は決して人々を失望させない。アラファに「立つ」とき、神が許してくださっていることを信じないのは、非常に罪深いことであるといわれる。小石を投げるとき、その動機は、ただ服従心のみでなければならない。そしてアブラハムにならう努力をせよ。アブラハムは悪魔が現れて彼の心を惑わせ神に反抗せよと挑発したとき、神の命令に従って悪魔に石を投げた。アブラハムにはサタンが現れたが、あなたにはそのようなことは起こらないと万が一にも考えるならば、ま

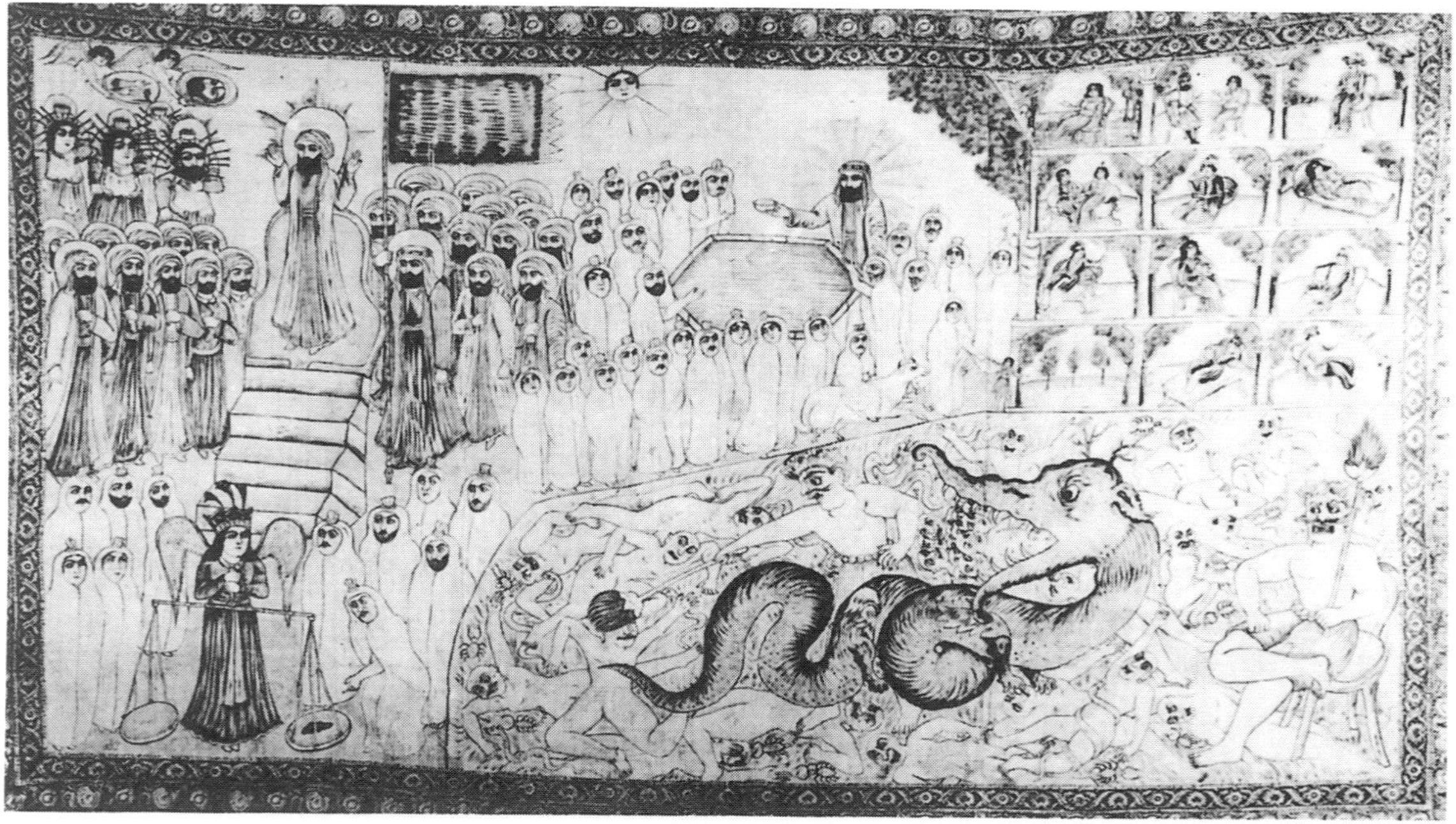

復活の日
（*Religious Inspiration in Iranian Art*, Negarestan Museum より）

さにそれこそ、石投げを無意味な遊戯であると思わせようとして、サタンがあなたの心に吹き込んだ思いであることを知れ。外見的には、あなたはアカバの石柱に小石を投げている。しかし実際は、神の命令に対する服従心が高揚して、サタンを打っているのである。そして最後に、従順な心で犠牲の獣を捧げることによって、神に近づけられることを意識せよ。獣の四肢の一本一本に代えて、神はあなたの四肢を一本ずつ業火から救われることに望みをかけよ。

ハッジュを滞りなく完了したとき、巡礼が承認されたかどうかは不明なので、巡礼者の心には恐怖が宿っているべきである。しかし人は、自らの心や自らの行為から、承認されたと確信するだろう。というのは、もし自らが迷いから抜け出して、法の光の中で正しく振る舞っていることに気づけば、承認されたと確信して差し支えないからである。なぜなら、神は愛する人のみを承認する。そして愛する人には公然と理解を示し、その人の中に愛の証《あかし》を明示し、同時にその人を、サタンの攻撃から守るからである。神よ、願わくは我らを守りたまえ、我らの巡礼が拒否されることのないように！

現代の神学は、ガッザーリーの論を越えたようには思われない(27)。

ハッジュの解釈をさらに一歩前進させたのは、神秘主義者たちである。フジュウィーリー（一〇七二ごろ没）が説明する。「メッカが聖域と呼ばれるのは、そこにアブラハムの立ち処（マカーム・イブラーヒーム）があるからである。アブラハムは立ち処を二つ持っていた――肉体の立ち処すなわちメッカと、魂の立ち処すなわち友情〈神との〉である」。自らの肉体の立ち処を求める人は誰でも、巡礼の数々の儀式を体験しなければならない。「しかし自らの精神の立ち処を求める人は、慣れ親しんだ人との絆を絶ち、快楽に別れを告げ、神以外について考えてはならない。そのようにしたうえで、霊的認識《グノーシス》の場であるアラファートに立ち、次に親交の場ムズダリファに向かうべきである。そのあと自らの心をして神聖な殿堂を周回させ、信仰の場ミナーでは、情念と汚れた心を表す石を投げるべきである。その後、自らの身の卑しい部分を禁欲の祭壇で屠って、友情の立ち処に到着するのである[28]」。

しかし、この種の教訓的なたとえ話では満足しない人々もいた。バルフのムハンマド・b・アル・ファドルが言う。「現世で神の殿堂を求める人々に疑問を感じる。なぜ彼らは、心の中で神について瞑想することを求めないのか。殿堂には到着できることもあるが、できないこともある。しかし瞑想はいつでも楽しめる。彼らは、一年に一度しか目にすることのない黒石を訪れることを義務づけられているが、まぎれもなく彼らは、心の殿堂を訪れることを、より強く義務づけられている。そこでは夜となく昼となく、三六〇回神を見ることができる[29]」。

アル・ハッラージュが邪教徒として非難されたとき(最終的に、九二二年に処刑)、攻撃の対象となった彼の信条の一つは、彼が強く主張したとされるメッカ巡礼の義務の廃棄で、それは彼が、神は遍在し、法の制定者の意図は、ただ人を神に向かわせることにすぎないと考えたからである。彼は、ハッジュを行なおうとする人が自宅でイフラームを着て、規定の式文や祈禱を詠唱し、『コーラン』の章句を読み、何回かタワーフを行なうなどすれば、聖なる場所を実際に訪れる義務から解放されるだけの効果があげられるという主旨の発言をした廉《かど》で、告発された。審問でハッラージュは述べた。

私は過去の伝承を復唱したにすぎない。しかも、私が述べた儀式は、貧しくて実際の巡礼が不可能な人のみを対象としたものであった、と。[30]

ハッラージュの意図したところが何であれ、それは数世紀後、イブン・アラビー（一二四〇没）が、真のカアバ神殿は我々自身の存在にすぎないと、痛烈なまでに明言したあの神秘主義的態度から、ほぼ必然的に生み出されたもののようである。

法は、規定が字義どおりに施行されるべきであり、行為が字義どおりに解釈されるべきであるとの原則から、はずれるわけにはいかない。にもかかわらず九世紀にすでに、バーヤズィード・ビスターミー（八七四没）が、真の巡礼の推移について次のように記している。「最初の巡礼で、私は聖殿のみを見た。二度目は聖殿と聖殿の主を見た。そして三度目はただ主のみを見た[31]」。

3　ラマダーン

巡礼の義務を果たせるのは、実際は信者のごく一部である。それに対して、ラマダーン月の一カ月間を通して行なわれる断食の義務（いわゆる「信仰の五柱」の四番目のもの）は、すべての信者の生活に、大きな影響を与える。事実サウム（断食）は多くの人々に、最も重要な宗教的行為とみなされるようになってきていて、毎日の礼拝すら怠りがちなイスラーム教徒の多くが守っている。

ムハンマド以前の時期にさえ神の探求者の一人一人に禁欲生活を説いたユダヤ教とキリスト教は、イスラーム共同体にも、精神面の規律の手段として断食を採用するようにと、早くから示唆したようである。しかしムハンマドは、メディナでユダヤ教の慣習について一層詳しく知るようになってはじめて、彼の信奉者にアーシューラーの日（ユダヤ教の贖罪《しょくざい》の日、すなわちティシュリー月一〇日）に断食をするように命じた。後に、アーシューラーの日はムハッラム月（イスラーム暦一月）一〇日とされた。ほどなく彼のユダヤ教徒との関係が悪化するに伴い、ヒジュラ暦二年の啓示でムハッラム月一〇日の断食が廃止され、かわりにラマダーン月の「何日間か」断食をすることが、義務づけられた（『コーラン』二章一八〇節）。

つづく四―五年間、イスラーム教徒は依然としてユダヤ教の慣習どおり、日没から次の日没まで断食をしていた。しかし新しい啓示が、慣習を修正して次のように規定した――「……食うもよし、飲むもよし、やがて黎明の光さしそめて、白糸と黒糸の区別がはっきりつくようになる時まで。しかしその時が来たら、また［次の］夜になるまでしっかりと断食を守るのだぞ」（『コーラン』二章一八三節）と。この信者の負担の軽減は、はじめから断食に含まれていた性的関係の自制にもおよんだ。二四時間の中で、断食すべき時間の制限が定義し直されたことから、断食の日数がそれまでの不特定の日数（贖罪の日の前の一〇日間が、断食と祈禱の日であったことから、おそらく一〇日間）から、ラマダーン月の二九日間すべてに変更されたようである。しかしながら、ムハッラム月一〇日は、自発的な断食が特に高い功徳を与えられる日とされ、それによってある程度特殊性を維持した。

ラマダーン月の断食は、キリスト教の四旬節*やマニ教の慣習に、関連づけられている。しかし考えてみれば「聖なる」月の観念は、アラビアの異教徒に馴染みのものであった。もっとも我々の知る限り、イスラーム以前の聖なる月のいずれにおいても、儀式が月の初めから終わりまでずっと守られたことは、なかったようである。断食がラマダーン月になったのは、イスラーム暦第五（第九の誤記と思われる―訳者）のこの月こそ「『コーラン』が人々のための御導きとして……啓示された月」（『コーラン』二章一八一節）であったことによる。さらに正確に言えば、最初の啓示が下ったのはライラト・アル・カドル（「力の夜」）で、一般にラマダーン月二七日の夜とされている。『コーラン』はこの夜を「千カ月にもまさるもの」で、天使も聖霊も降臨し、「ああなんたる平安ぞ、黎明の光たち昇るその時まで」と記す（『コーラン』九七章三、五節）。

＊ イエスの復活祭の前の四〇日（ただし主日を除く）。

ラマダーン（「焼け焦がすもの」）月はイスラーム以前の時代に、とりわけ神聖視されていた。その名が示すように、夏の月であった。夏至の前後の期間は、宗教儀式で他と区別されていたようである。その中心に位置したのが、第八月（シャアバーン月）一五日で、その日は、今日に至るまで「新年の特徴をいくつか保っている」(1)。その日とラマダーンの開始との間にみられる暦上、機能上の関係は、ユダヤ教暦の新年祭と贖罪の日の関係に酷似している。その類似性が示す意味を十分理解するには、アラブの異教徒が太陰太陽暦を使用していたことを、思い出さなければならない――朔望月と季節の関係は、二―三年ごとに第一三月を追加することによって調整された。ところが実際の運用にあたって、天文学の知識が不十分であったことが災いして、本来は秋に行なわれていたハッジュ＊（巡礼）が、ムハンマドのころは春になっていた。

＊ 一ヶ月は二九日一二時間四四分。俗に四週間。

ムハンマドは死の少し前に啓示を受けて、イスラーム暦を朔望月の十二カ月、計三五四日とした。イスラーム暦の三三年が、我々の太陽暦の三二年にほぼ相当する。その結果、イスラーム暦の月は、約三三年をかけて四季を一巡する。この循環によって、定期的に断食や巡礼が真夏の炎暑の時期になり、苦痛を増すだけでなく、本来持っていたかもしれない自然現象との関わりが、異教に起源を持つイスラームの祭りから、すべて完全に消えてしまった。一方ユダヤ教暦では、新年祭はいまだに秋である。

ラマダーンは贖罪と赦しの期間であることから、宗教的にはヨーム・キップール（贖罪の日）*に相当する。伝承によれば、ラマダーン月には天国の門が開かれ、地獄の門が閉じられる。そして悪魔が鎖に繋がれる。また、ラマダーンの断食を純正な動機で守る人は、誰でも罪を赦されると信じられている。断食は功徳が高く、信者の心の浄化に効果的であるが、ラマダーン月の断食は一層功徳が高く、他の時期の三〇倍の効果があるといわれる。

* 秋の仮庵の祭りのすぐ前（ユダヤ教の正月にあたるティシュレ月一〇日で太陽暦の九月か一〇月）に行なわれる。

ユダヤ教の伝承では、世界は元日に創造された。イスラーム暦の正式の元日であるムハッラム月一日には、宇宙論的意義はまったく見られないが、シャアバーン月一五日の夜、すなわちライラト・アル・バラーア（この名前の背後には、これまで意味不明のヘブル語の単語ベリーア――「創造」が潜む可能性がある）は、新年祭の特徴といまだに関連を持っている。(2) またインドやインドネシアでは、その日は死者のために特別に取り置かれた日である。エジプトでは天国の境界線上に立つ「〔天の〕涯《はて》なる聖木」が、この日の日没後ほどなく揺すぶられると信じられている。その木は世界中の人間の数と同数の葉を持ち、葉のそれぞれの裏に、一人一人の名前が記されている。「そして、次の年に死亡する運命にある人の葉は……揺すぶられたときに落ちる」。その夜、イスラーム教徒は、夕方の礼拝直後に特別の祈禱を献げる。そのとき『コーラン』(第三六章)が朗唱され、祈りが捧げられるが、その祈りは「次のような哀訴で最高頂に達する——ああ神よ、もしあなたがあなたのお住居にわたしのことを、悲惨・不幸・暮しに事欠く、と記しておられるのでしたら、消してください、ああ神よ、あなたの慈悲でわたしの悲惨、不幸、乏しい生計費という記録を消してください。そしてかならずあなたのお住居に……幸福で、衣食足りた、善に向けられている者として、記されることを約束してください(3)」。

ペルシアとペルシアの影響を受けたイラクやシリア、エジプトでは、しばらく新年祭が春に祝われた。賢者らは眉をひそめたが、人々は頑として譲らなかった。その日バグダードの宮殿では、カリフが赤い琥珀製のバラを配った。ムタワッキル(八四七—八六一)は、官僚たちの頭上に撒くために、赤・黄・黒などさまざまな色のディルハム貨幣(小型銀貨)を五〇〇万個も鋳造したことで有名である(4)。役者は覆面をして王に拝謁し、硬貨を投げ与えられた。アル・ビールーニーが記す(一〇〇八年ごろ)ところによれば、ペルシアでは「この日、人々は夜明けごろに起きて、水路や井戸などの水辺に行った。また彼らはしばしば縁起のよい行為、あるいは危害を退ける手段として、流水を瓶《かめ》に汲んで自分の頭の上からかけたり、互いに水をかけ合ったりしたが、それは禊《みそぎ》のためであったといわれる」。他の情報によれば、とビールーニーは続ける。その行為は、かつて長く干魃《かんばつ》が続いたあと、元日に雨が降ったことに端を発する——「彼らはこの雨を吉兆とみなし、互いに雨水を掛け合った。それが彼らの間に慣習として残った。また一説では、この水掛けは単に清潔にするためで、人々はそれによって、〈冬に〉火を燃やしたときに出た煙や、火の番をしたときについた汚れを洗い落とした。さらに、疫病やさまざまな病気を引き起こす源となる腐敗物を、空気中から取り除くのにも役立った」(5)。

一五世紀のエジプトには、国民が元日に王宮の前に集まる習慣があった。彼らはその日、手にした楽器で騒々しい不気味な音をたて、『コーラン』で禁止されているのを無視して、おおっぴらに葡萄酒などを飲んで酔った(6)。カイロでは、ペルシアのノウルーズ*の慣習に、サトゥルヌス**の祭りあるいは謝肉祭***に特有の慣習が結びつけられた。人々が指名した「新年の王子」が顔に小麦粉や石灰などを塗りつけ、赤や黄色の上着を着てロバに乗って、通りを行った。彼は市場の監督さながらに記録帳を手にして、裕福な人から寄付を募った。支払わなければ水や泥をかけられた。また、貧しい人は通りで、裕福な人は自らの家の中で、革帯や捻《ねじ》った革紐で互いに打ち合った。したがって、警察はその関連の苦情は一切、相手にしなかった。学校では教師が生徒に襲われ、ときには泉水に投げ込まれて、いくらか支払わなければ容赦されなかった(7)。政府は一四世紀の終わりごろになってようやく、新年祭の謝肉祭的要素の弾圧に成功した。一方、コプト教徒****らは、今日までずっとノウルーズを彼らの新年にしているが、土着の慣習にならって、それを九月一〇日あるいは一一日にしている。

* イラン太陽暦の新年元旦。暦によって日にちに違いがあるが、現行暦では三月二一日にあたる(坂本勉「ノウルーズ」『新イスラム事典』平凡社、二〇〇二)。

** ローマ時代の農耕神。
*** 四旬節に先立つ三〜七日間の祭礼で、起源をサトゥルヌスの祭りに辿ることができる。
**** コプト教徒の暦 古代エジプトに起源をもつ太陽暦。一年は各三〇日から成る一二の月と追加日の五日（閏年は六日）から成る。

新年についてのこれらの矛盾する算定は、イスラームの考え方と、伝統的なイスラーム以前の行動様式が、時折りかなり無頓着に共存していたことを例証するものとして意義深い。神学者にできたことは、所詮、異教の残存物と、イスラームの歴史または言い伝えに見られるできごととの関連を、示唆することぐらいであった。したがってノウルーズの水掛け行事の説明としては、ソロモンが悪霊に盗まれた認印《にんいん》つきの指輪を取り戻したときに、燕たちが喜んで水を掛けたことの名残、と言われた。

以上から類推すると、ライラト・アル・カドルがラマダーン月とされたのは、古来この月が神聖な月とされていたからである。イスラームの伝承に、啓示がまさにその夜に開始されたことから、ラマダーン月の全体が神聖になったと強調されているが、そうではなさそうである。

断食の重要性はガッザーリーの、断食は信仰の四分の一を占めるという言葉にうかがわれる。その理由として彼は、ムハンマドが、断食は忍耐の半分であり、忍耐は、信仰の半分であると言ったことを挙げている。(8) またムハンマドも、断食を行なう者の不快な口臭は、神の前では麝香《じゃこう》にも勝る芳香であると言ったと、信じられている。とはいえ、断食をするだけでは不十分である。法学者の訓戒に従って節制しなければならない。法学者の大半が、ラマダーン月には毎日、夜明け前に断食のニーヤ（意志）を新たにしなければならないとする。ムフティラートというのは、断食を破ったり無効にするあらゆることがらの総称であるが、それには「どんな物質であれ、避けられるにもかかわらず意識的に体内に入れられること」が、特に避けるべきこととして含まれている[9]。したがって食べ物や飲み物を呑み込むこと、喫煙、唾を呑み込むことすらも（吐き出せるときは）、禁じられる。禁止事項には、何であれ体内に注入することも含まれている。いくぶん奇妙なことに、わざと吐き出すことも禁じられる。たとえ医師の指示のもとで吐き出した場合も、その日の断食は無効となり、後日、償われなければならない。ムフティラートに含まれる他の重要なものは、性的関係をもつことや酔うこと、月経である。

断食をする義務はシャアバーン月二九日、または三〇日の次の、ラマダーン月一日に始まる。開始日は、信頼できる人が新月を見たという証言が、いつカーディー（法官）に伝えられるかによって決まる。ラマダーン月の開始は、銃の発射やミナレット（モスクの尖塔）にランプを吊るすなど、土地の慣習にならって人々に知らせられなければならない。幼い子供以外で断食の義務を免除されるのは、老人や病人、乳児を抱えている人または妊娠中の人、長期旅行者のみである。にもかかわらず、断食できなかった日に関しては、離乳後に体力が回復したとき、または旅から帰ってから償なうことが、法で非常に厳しく定められている。

断食をする人は、太陽が沈んだことを確認後、ただちに断食を止めるように勧められている。断食の継続が禁じられているからである。また、現実に禁じられているわけではないが、自らに、また他人に、情欲を起こさせるような行動は避けなければならない。水をしばらく口に含むことは許されるが、食べ物は何であれ味わうことと嚙むことを、控えなければならない。吸角で*、あるいは瀉血《しゃけつ》によって血を流すことも、同様である。そしてもし可能であれば、イッティカーフ（モスクに籠ること）をしなければならない。特に最後の一〇日間は、その期間内のおそらく奇数日、とりわけ二七日が、ライラト・アル・カドルである可能性が高いことから、籠らなければならない。このお籠りの期間中、祈禱と『コーラン』の読誦のみを行なう。

＊　悪血や膿などを吸い出すためのガラス製の医療具。中穴のガラス器具の一端にゴムの球をつけたもの。

ガッザーリーは、断食が特に功徳の高い行為とされることの説明として、断食が他のあらゆる敬虔な行為と違って、神のみに見える行為であるという事実を挙げている。さらに、断食はサタンを倒すための、有効な手段でもある。というのは、サタンの武器である情欲は、飲食によって強化されるからである。神の敵を倒すことは、神を助けることである。だから「お前たちがアッラーをお助け申せば、あちらもかならずやお前たちを助け、お前たちの足をしっかと立たせてくださろう」（『コーラン』四七章八節）と記されている。神の預言者は言う――もし悪魔が人々の心の近くを飛び回っていなければ、彼らはたちまち天の王国に視線を向けるであろう、と。したがって断食は「神への奉仕の戸口」となるのである。

「断食の奥義」についてガッザーリーは、形式的な法の遵守は、法制定者の真の意図を達成したことにならないと言明する。事実、断食には三段階ある――第一は一般大衆が行なうもので、法の条項を字義どおりに守るだけの段階。第二は人の感覚と肢体のすべてが、罪を犯さないようにする段階。

第三は世俗的な欲望をすべて自制して、心を神以外のものから退けようとする段階である。この段階では、神や終末の日、それらに関連する世界以外のことを何であれ考えることは、断食を無効にする。これが預言者たちと聖者たちの境地である。すなわち、生涯を通じて『コーラン』の戒めを守るのである。『コーラン』には「言うがよい、『アッラーだ』と。それから後は、いくらでも彼ら（人類）を勝手に議論の遊戯に耽らせておけ（六章九一節）」と記されている。

もっとも第二の段階に達すれば、敬虔な信者として十分である。その段階は、不埒《ふらち》な考えや神への思いを妨げる考えなどを、すべて避けることを信者に要求する。ムハンマドは、五つのことがらが、断食を無効にすると述べた。すなわち、嘘・陰口・中傷・偽りの誓い・情欲を持って見ることである。慎みを欠いた不正直な言動や、敵意を持った偽善的な振る舞いも、避けるべきである。すなわち、神の名を唱えることと聖典の読誦に集中することこそ、舌の断食なのである。悪魔の議論に耳を傾けることも、避けなければならない。言ってはならないことは、聴いてはならないのである。肉体的な断食の時間が終わったあとの食事の標準量は、多すぎてはいけない。夜間に過食をすれば、断食によって拘束されるべき情欲が強化されるだけである。食べ物が胸と心臓の間で障害物となっているときは、神の国について瞑想できないし、断食者の心が神から逸れているかぎり、テーブルに食べ物が載っていなくても、障害物を取り除いたとは言えない。断食者は巡礼者と同じで、恐怖と希望の間で不安な状態に留めおかれるべきである。なぜなら、断食が受け入れられたかどうか不明だからである。人間は動物と天使の間に位置している。その位置は情欲に屈するたびに下がり、克服するたびに天使に向かって上がる。したがって次のように言われる。「断食者の中には、断食の結果が飢えと渇きのみであるという人が、なんと多いことか！」と。

法学者たちとガッザーリーが共に、任意の断食に最適な日について、同じ見解を明らかにしている。好まれるのはズール・ヒッジャ月、ムハッラム月、ラジャブ月、シャアバーン月で、いずれも究極的には、イスラーム以前の言い伝えで聖性を賦与されていた月である。それぞれの月で好まれる日は一日、最終日、一二日、白い夜（一三日から一五日まで）である。一週間では月曜、木曜、金曜日が特にふさわしいとされる。ここで、おそらく次のことが注目に値する。つまり、イスラーム法では金曜日の断食は、人々の心を、共同体の礼拝から逸らせてしまうと懸念されているので、ガッザーリーは金曜日を含めたことで、イスラーム法に反しているということである。一般的に祭りの日の断食は推奨されているが、ミナーのタシュリークの期間と、大祭、小祭の日は禁止されている。

「生涯に亘る」断食は、ガッザーリーのころに神秘主義者の一部で行なわれたが、好感を持たれていない。というのは、断食は、たとえばタシュリークの期間のように、時折、あるいは定期的にすら、中断されるべきだからである。しかし、精神面の幸福が断食を続けるかどうかで決まると感じる人には、異議を唱えてはいけない。とはいうものの、隔日あるいは三日に一度の断食の方が、推奨される。事実ガッザーリーは、その方が、はるかに困難な修行形体であると考えている。神に選ばれた人たちには、断食は一つの手段にすぎない。「飢えの果実は、神についての瞑想で、それに達する前にあるのが苦行である。瞑想と結合された飽食は、苦行と結合された飢えに優る。なぜなら瞑想は、大人の

戦場であるが、苦行は、子供の遊び場だからである。(10)

ラマダーン月の断食の実施方法は、当然、国によってある程度違っている。敬虔な信者の日常生活で、このイスラームの「第四の柱」がどのようなものであったかについて、E・W・レイン（一八二五—二八年、一八三三—三五年にカイロ滞在）、リチャード・バートン卿（一八五三年、カイロ）、C・スヌーク・フルグローニェとエルドン・ラター（それぞれメッカに一八八四—八五年、一九二五—二六年に滞在）などの生彩に富む記録に、非常に適切に示されている。

ラターと彼の友人のイスラーム教徒にラマダーンが知らされたのは、一九二六年三月一五日であった。メッカはすでに暑気に覆われていた。生活にただちに変化が現れた。「毎晩アラビア時刻の八時半ごろ（アラビアでは一日は午後六時に開始——したがって我々の時刻で午前二時半）夜明け前の暗闇の中で、ジヤードの要塞から大砲が発射された。サフール（夜明け前の食事）の時刻の到来を告げる合図であった。二時間後、再び砲声が聞こえ、イムサーク（節制）を促した。この二時間の間に、まだ眠気の残るイスラーム教徒らは床を離れ、日の出前の最後の食事を手早くすませる。早朝のこの食事にメッカの人は通常、夕食の残りの冷えたご飯と肉を食べ、そのあとにナツメヤシを食べ、紅茶を何杯か飲む。二度目の砲声が聞こえた瞬間、食べ終わっていない人は、最後の一口を急いで呑み込む。そしてその後の日中に断食をする「意志」を、心の中で唱える……。

「朝食を最初の砲声を聞いてからすぐに食べた人は、夜明けの礼拝の時刻（午前四時四五分ごろ）

まで再び横になって眠るか、大きな声で『コーラン』を誦むために座る。メッカの人たちは大モスクで夜明けの礼拝を済ませると家に帰り、眠るために自室に入る。もっと敬虔な人はラマダーン月のあいだ、毎朝『コーラン』の三〇分の一を誦み、一カ月で全冊を詠み終える。聖典全体（約三百ページ）の四分の一を毎日誦む人もいる。その場合、一カ月で全文を約七度誦む。ラマダーン月の朝にメッカの小道を歩くと、ほとんどすべての家から『コーラン』を誦む声が聞こえる。大モスクの回廊で朗誦する人も多い。このようにしてイスラーム教徒は、眠ったり、『コーラン』を誦んだり、祈禱を献げたりして、日没までの長くのろのろとしか進まない時間を過ごす……。

「アル・アスル（午後）には、通常、多くのシャイフが大モスクに座って、神学の講義をするのが見られる……。彼らは地上の最も神聖な場所で、善行に励む人に訪れると信じられている特別の祝福に与るために、この自発的な説教をするのである。

「日没が近づくにつれて、大モスクは一層混雑してくる。回廊の石だたみの場所は、礼拝用マットに足を組んで座るターバン姿の人々で、ほぼ完全に埋めつくされる。多くの人が、体を左右に揺らせて低い声で『コーラン』を誦んでいるが、喋ったり、カアバを凝視しながら座っている人もいる。彼らの大半が、ナツメヤシとパンを入れた小さなハンカチ包みを手にしている。飢えた群衆はここに座って、辛抱強く日没を待つ。ついにジヤードの丘の頂上から砲声が轟きわたる。ただちに巨大な中庭全体が、神を讃える呟《つぶや》きで満たされる。食べ物を入れたハンカチの結び目はすでに緩《ゆる》められているが、それが今や広げられる。そして食前に短い祈りの言葉を繰り返したあと、飢えた断食者たちは、ナツメヤシを数個またはパンを一切れ食べる。食べ物を手にする人は、彼らのささやかな食事を分かち合うために、近くに座る人たちを優しく招く……。

「群衆がこのようにして飢えから回復していく一方、ミナレット（モスクの尖塔）ではムアッジン（呼びかけ人）が、日没の礼拝のためにアザーン（呼びかけ）をしている。さて、全員が勤行をするために、唇をぬぐいながら立ち上がる。そして礼拝を終えると、足早にそれぞれの家へと散って行く。「礼拝を終えて帰宅すると、メッカの人々は、肉汁で小麦を煮て作った大量の白いスープを、たっぷりと飲む。この半時間後、いつものように肉、米、野菜の夕食をとる。ラマダーン月の一日の正餐であるこの食事で、彼らは食べたり、紅茶を飲んだり、煙草を吸ったりして、一時間ほど座っているだろう。その後、親しい友人と夜半まで過ごすが、途中で一度中断して、大モスクでイシャー（完全に日が暮れてから夜が三分の一過ぎるまでの間）の礼拝をする。非常に敬虔な人は、月の後半の夜は、神に命じられた以上の長い礼拝をする。メッカの人々の多くが、サフール（夜明け前の食事の合図）の砲声が聞こえるまでの時間を、眠らずに祈禱または娯楽で過ごす[11]」。

この長い礼拝すなわちタラーウィフは、功徳の高い行為であるが、義務ではない。通常二〇ラクア（一〇頁の図参照）で構成され、イシャーの礼拝のあとに行なわれる。信者は一〇人から一五〇人のグループに分かれて、グループごとに一人のイマームの後ろにつく。「タラーウィフの長さは非常にまちまちである。ある所には、夜間に忙しい人のグループができ、そのイマームは、『コーラン』を誦むのをできるだけ短くして、二〇ラクアにほんの一〇分か二〇分しかかけない」（通常、約一時間かかるかもしれない)。また他の場所では、信者がほぼ夜通し『コーラン』の朗唱に耳を傾けている。「敬虔な『賢者』の中には、日中の睡眠時間が必要最低限であるにもかかわらず、タラーウィフのあとも『コーラン』を大きな声で、あるいはくり返し誦むなどその他の自発的勤行をする人が多い。これほどまでに励むことができるのは、厳しい規律と修練の賜で、そのような宗教的英雄の姿にまことに驚嘆する(12)」。

バートンが、ラマダーン月の苛酷な日々のようすを、若干の奇妙な誇張をまじえて描いている。「イタリア・英国カトリック教会・ギリシアの断食と同じように、『祝福された月』が篤信家におよぼす主な影響は、彼らの気分を明らかに陰鬱にすることである……。男は互いに罵り合い、女を打つ。女は子供を平手打ちし、虐待する。そして今度は子供が犬猫をいじめ、きたない言葉を浴びせる。町なかの人混みでは、どこでも一〇分もいればかならず激しい論争が聞こえて来る……。モスクは、鬱陶しい顔で文句を言っている人たちで混雑している。彼らは苦労して天国への道を作る一方、地上でいがみ合っている(13)」。

真剣な祈禱と並行して、あるいはそれと競うかのように、毎晩、息抜きのために提供される数多くの大衆向けの娯楽は、断食期の緊張をいくぶん緩和するが、完璧な解放感を味わうには、その月の終わりを待たなければならない。ラマダーン月が終わりに近づくと、人々は再び興味津々で新月の出現を見守る。シャッワール月一日の大祭は、ちゃんとラマダーン月二九日の次に来るのだろうか。それとも断食が延長されて、もう一日うんざりするような日を、過ごさなければならないのだろうか、と。

一九一八年のラマダーンを、ワッハーブ派の首都リヤードで過ごしたH・St・J・B・フィルビーが、生彩に富む情景描写をしている。「日没の直前……家々の屋上が人々であふれた。夕日が普段にない輝きを放って、のこぎりの歯のようなトゥワイクの山稜を浮かび上がらせていた。人々はその山の方に、首を鶴のようにのばしていた。群衆の多くは女性だった。女性の方が男性よりも視力が良いとされているからである。私は説明しがたい奇妙な気分になった。というのは、観察者の多くが、おそらく月が現れるだろうという私の予告（航海暦による）を知っていて、彼らは異教徒の不遜さが神の思召しによって打ち砕かれれば、断食が一日延びるのもいとわず、喜びに近い気分を味わうのだろう、と思ったからである。しかも運命のいたずらから、このきわどい時刻、月の位置にずっと一握りの雲の帯がかかっていた……。やがて周囲が暗闇に閉ざされはじめ、その夜は月が出ないことがわかった。失望した人々は、もう一日耐えることになった断食を一休みするために、屋上からすごすごと降りて行った」。しかし午前二時、突然、砲声がラマダーンの終わりを告げた。「数人のベドウィンが……大急ぎでやって来て、新月を見たと報告し」宗教裁判所が彼らの証言を認めたのであった。(14)

新月の報道がこれほど劇的でない場合でも、知らせは町の隅々までただちに広がる。即座に、表現しようのない騒音をたてて、爆発するかのように活動が再開される。イード・アッ・サギール（小祭）、より適切に言えばイード・アル・フィトゥル（断食明けの祭り、トルコ語ではキュチュック・バイラムまたはシェケル・バイラム、すなわち小祭、または、この祭りで砂糖菓子が贈物として交換されることから砂糖祭）の準備が、大急ぎで行なわれる。苛酷な献身行為のクライマックスのあとで行なわれるこの「小」祭は、ミナーで犠牲を捧げると同時に行なわれる大祭以上に熱烈に祝われ、事実、人気の点でも勝っている。両者共に特別の礼拝を持ち、原則として三—四日間、続けられるという点で似ている。しかしイード・アル・フィトゥルの爆発的な歓声は、幾分悟り気味で不自然なイード・アル・カビールの浮かれ騒ぎの比ではない。

「一日目の日の出の直後に、誰もがすでに新調の服や晴れ着に着替えている。男たちはモスクに集まり、二単位のラクアから成る礼拝を献げる……つづいて、ハティーブ（説教者）が説教をする」[15]。そのフトバ（説教）には、説教者の個々の趣向を示す余地がほとんどない。形式はすべての説教に共通したもので、おおよそ次のように行なわれる。

「慈悲深く、慈愛遍ねき神の御名によって。神は聖なるかな。断食を行なった者に慈悲の扉を開き給い、慈悲と慈愛をもって、彼らに天国に入る権利を授け給うた。神は他の何者にも勝って偉大である。アッラー以外に神はない……聖なるかなアッラー。アッラーは確かにラマダーン月に、我らの預言者に『コーラン』を授け給い、すべての真の信者に平和を与えるために、天使をつかわし給う御方。神は偉大なり！　すべての賞讃に値し給う。我らはこの大いなる恵みイード・アル・フィトゥルに際して、アッラーに讃美と感謝を献げ、アッラー以外に神がないことを証言する。アッラーは唯一で比類のない御方。神の唯一性に我らが献げるこの証言は、この地において我らの安寧の源となり、ついには我らを天国に入らしめるであろう」。預言者を讃美し、喜捨を奨励したあと、説教者は通常、ラマダーンの功徳を説く。「ラマダーンの最初の一〇日間、宗教的義務を果たすことによって神の慈悲が得られ、次の一〇日間で神の許しが功徳として与えられる。一方、最後の一〇日間の義務を果たすことによって、その行為者は地獄の懲罰から救われる」。説教者は、この月に預言者に授けられた『コーラン』の素晴らしさに話題を転じて、次のように結ぶ。「アッラーは汝らのために、断食を容易なものにし給うた。ああ信じる者たちよ、アッラーは聖なる『コーラン』の恵みによって、汝らと我々を祝福し給うであろう。『コーラン』の言葉のことごとくが我々に利益を与え、我々を叡知で満たす。アッラーは授与者、聖なる王、寛大で心優しき方、扶養者、慈悲深き方、温情あつき方なり」と。(16)

「友人たちが、モスクで、通りで、あるいは互いの家で出会って祝いの言葉を述べ、抱擁と口づけを交わす。彼らはふつう、挨拶のために互いの家を訪問し合う。身分の低い人の中にも、新調ずくめの人がいる。そしてほとんど誰もが、たとえ靴だけであっても、何か新しいものを身につけている。奉公人は主人から贈物として新しい衣服を一点あるいはそれ以上与えられ、主人の友人のそれぞれから、お金を数ピアストル受け取る。……また以前に仕えていた主人があれば、その主人をも訪れ、出向いた労力に対して相応の報いを受ける。彼らは時には贈物として一皿の甘い菓子を持って行き、返礼としてその二倍、あるいはそれ以上に相当する額をもらう……。食べ物屋とシャーベット屋を除いて大半の店が……閉じられている。しかし通りは、晴れ着を着た人々であふれ、華やかである」。

大祭、小祭に共通する特徴として西洋人の感性に最も奇妙に映ることは、それらが死者に関する祭りに結びついていることである。ほとんどの家族が大祭や小祭のときに親族の墓を訪れる。墓の上には、いくつかに折られた椰子の枝が置かれる。家族づれの大半は女性で、墓地に群がる貧しい人々に施す食べ物も持って行く。人々は、ときには墓を覆ってテントを張る。ファーティハ〔開扉の章〕が唱えられ、しばしば『コーラン』の全文が、一人、または複数の、専門の「詠誦者」によって、朗詠される。儀式が終ると、男性はただちに立ち去るが、女性は一日中、ときには夜も墓地で過ごす。特にその家族が、まさにこのようなときのための家付きで周囲を塀で囲まれた家族専用の墓地を持っている場合は、そうである。レインのころ、墓地のいくつかに、大衆的な娯楽が入りこんでいた。

「首都〈カイロ〉のすぐ北の砂漠地帯にある巨大なバーブ・アッ・ナスルの墓地は、二つのイード〔大祭、小祭〕のときに、壮観を呈する。この墓地の名の由来となっている城門〈しかも、現在も立っている〉近くに、数多くのブランコや回転木馬が設けられ、数基の大型テントも立てられる。テントのいくつかでは踊り子、〈大衆ロマンスの〉暗唱者、見せ物師らが、つめかけた見物人を楽しませる(17)」。

4　預言者と聖者

巡礼と断食は、ムハンマドの意向に沿って発展した。一方、断食を儀式化することは、たしかに『コーラン』の中で実証できない。しかしそれらは事実上、単に、彼の律法主義的性格が一層緻密に展開したもので、ある意味では論理にかなった派生物とすら言い得る。それに対して預言者崇拝と聖者崇拝は共に、預言者の純正な伝承からははなはだしく逸脱している。その異質性は、制定者のころの宗教的状態を取り戻そうと努めた、時折り現れた改革者だけでなく、正統派イスラームの中の強力な一派が常に明白に認識するところであった。

ムハンマド自身は、自らが神の使徒で、神の御心の執行者にすぎないと考えていた。彼は他のすべての人々と同じ土で造られている。また他のすべての人々と同様、死ぬだろう。「ムハンマドも結局はただの使徒。これまでにも随分沢山の使徒が［この世に現れては］過ぎ去って逝った。なんと、彼［ムハンマド］が死ぬか殺されるかしたら、汝ら早速踵《きびす》を返すつもりなのか。誰が踵をかえしたとて、アッラーには何の害も及びはせぬ」（『コーラン』三章一三八節）。この章句にはムハンマドすら、唯一無二の存在ではないことが示されている。人間であるからには、彼も過ちを犯し、罪を免れることはできない。神は彼に呼びかける――言ってやるがよい、「たといわしが迷っておるにしても、迷って損するのはこのわしひとり。正しい道を辿っておるとすれば、それこそ神様がわしにお告げを下し給うたおかげ。まことに、耳敏く身近なお方」(『コーラン』三四章四九節)、と。そして他の箇所で、彼は次の訓戒を受ける。「早くお赦し請うがよい、自分の犯した罪のこと、それから男の信者、女の信者、みなのためにな」(『コーラン』四七章二一節)。

彼は神の代弁者であり、絶対の真理を説く者である。彼には奇蹟を行なうことができない(イエスには、できた――『コーラン』五章一〇九―一一〇節)。異教徒たちは彼に、使命を受けていることを証明する徴《しるし》を見せろと急《せ》きたてた。彼らは言う。「お前の言うことなど絶対に信頼できない、わしらの目の前で地中から泉を噴き出させて見せるまでは……さもなくば、お前の〈終末の日に関する預言の〉言い草ではないが、わしらの頭の上に大空をばらばらにして落として見せるがいい。アッラーと天使がたを証拠にここへ連れて来て見せるがいい。さもなくば、ここでお前に黄金の家ができるとか、お前が天に昇ってみせるとか。いや、それだって、ただ昇っただけでは絶対に信じないぞ。そこからわしらに［天の］本を落として、読ませてくれなければだめだ」と。言ってやるがよい、「ああ、もったいない、恐れ多い。このわしはただの人間、送られた一個の使徒にすぎないものを」(『コーラン』一七章九二節、九四―五節)。たしかに預言者はすべて、奇蹟を行なう力を与えられている。モーセが杖を投げると、それは蛇に変わった。イエスは土の鳥に生命を吹き込んだ。しかしそれらの奇蹟が一時的であったのに対して、ムハンマドの奇蹟は不滅で、それゆえに彼以前の預言者の奇蹟より優れている。すなわちムハンマドの奇蹟は啓示の実証であり、聖典そのものである。したがってムハンマドは、崇拝の対象とされてはならない。彼は審判の日に信者のためにとりなしをするだろう。しかしそれは、ひたすら「神のお赦しのもとに」である。

民間説話や伝承は、どこでも、英雄たちを超自然的なレベルに押し上げ、それによって彼らの人間的な価値を損ねてしまったが、ムハンマドを死のほぼ直後に、なじみのある半神的な、奇蹟を行なう人物に変えたのは、それら民間説話や伝承だけではない。それらと同時にいくつかの他の要素も、彼を崇拝の対象に仕立て上げることに、多少、作用した。イスラームには創造主と被造物の間に深い溝があることから、人々は、人間的な脆さにあまり染まらず、それゆえに一層強力な権力を持つであろうと思われる仲介者を、求めた。征服を重ねてキリスト教会との接触が緊密になるにつれて、両者の宗教的英雄の間に、対抗心が生じた。特に当時のキリスト教徒が、神に選ばれた人にとって非常に重要で説得力を持つ特質と考えた超能力を、イスラームの中心人物が欠くわけにはいかなかった。

ムハンマドは彼の共同体の宗教心の焦点を、神に、しかも神のみに絞った。しかし信者たちの中ですぐに、宗教的感情の対象を人格化したり、生きている人の中に人類の精神的指導者を探したり、神の霊、または神の本質のきらめきを備えていると思われる人物に対して、おそらくかならずしも崇拝ほどではなくとも、献身する傾向が見られるようになった。

天使ガブリエルが預言者ムハンマドにアリーの武勇を伝える図
(Basil Gray : *Persian Painting,* Rizzoli, 1961より)

シーア派は、ムハンマドの従兄弟で娘婿のアリー(第四代カリフ、六六一年暗殺)を、共同体の政治的指導者ムハンマドの世俗的地位に対する唯一の正当な継承者と認める一派から生じたもので、アリーの子孫を、神に任命されたイマーム(指導者)であると考えた。そしてイマームの指導者としての権限を、単に行政上の責任者であったカリフを越えるものと、理解した——もっともアリーの子孫は、ついでに言っておくと、カリフの地位には到達しなかったが。イマームは、ムハンマドが持っていた神との直接的な関係を継承する人と考えられたので、イマームを通して神との関係が持続された。ムハンマドのころ、彼の家族の誰がイマームであったかについては、必ずしも明確ではなかったが、イマームの機能と、イマームが不可欠であることは、かつて疑問視されたことがない。八七三年、政治的凋落がイマームを地下に潜らせたとき、すなわち現職者が姿をくらませて山中に籠ったと信じられたとき、そのイマームが適切な時期に、自らの正当な地位を要求するために、かならず戻ってくるということに、疑問を抱く人はいなかった。

とはいうものの、イスラーム教徒の大半はそのような教理を受け入れず、シーア派は一つの分派となり、頻繁に迫害を受けた。しかし彼らが、イマームに与えた特性のいくつかをムハンマドに与えたことから、彼らが極端な形で示した内面的傾向は、正統派内でやがて認められるようになった。預言者ムハンマドの死後二〇〇年も経たないうちに始まった神秘主義の発展によって、イスラーム版の神秘主義、スーフィズムの偉大な聖者たちをモデルにすることで、ムハンマドの人格についての民衆の考えが色付けされた。九〇〇年ごろ、ムハンマドの神性を信仰すると公言した秘密集会の指導者は、異端として処刑された。しかしその五〇〇年後、アブダルカリーム・アル・ジーリー（バグダードの偉大な聖者アブダルカーディル・アル・キーラーニー、一一六六没、の子孫）は、ムハンマドについて、完全無欠者にして「宇宙の守護者、存在のあらゆる領域が回転する軸」、さらに「創造の最終目的」であるとともに、「神によって最初に創造された他の被造物すべての原型」である、と言ったにもかかわらず、反論されていない。ムハンマドは「完璧な神の化身、あるいは神を真似て造られた者として、愛され崇拝される」。また「私を見た者はアッラーを見た」との言葉もある。[1] ほとんど言うまでもなく神学は、そのかなり前からムハンマドが過失や罪を犯さぬものであるということを認めて、民衆感情をはっきり示すようになっていたのである。

年代的には、聖者崇拝がムハンマド崇拝よりも先に起こった。『コーラン』は、ワリーという、「保護者、恩恵を与える人、あるいは友人」を意味する言葉を用いて、「なんの恐ろしい目に遇うこともなく、悲しい目に遇うこともあるまい」とされる「アッラーの伴侶たる人々」（『コーラン』一〇章六三節）に言及している。また聖典は、敬虔な人の何人かをムカッラブ、すなわち神のおそば近く召された（『コーラン』五六章一一節）人、として特記しているし、ワリーという語は神にも適用され、イスラーム教徒が数珠を繰るときに唱える神の名称の一つでもある。

以上から次のことが結論づけられる。すなわち「神には聖者、すなわちアウリヤー（ワリーの複数形）がいるということである。それは神が、神のことのみを考えるように、また神にのみ愛情をもつようにと特別の友情で他と区別し、神の王国の統治者として選び、神の業《わざ》を明示するために設計し、特別にさまざまな奇蹟を行なう能力を与え、生来的な堕落から清め、卑しい感情や情欲に隷属しないようにと救出した人々である。これまでもそうだったし、現在も、今後も、復活の日までこのような状態が続くであろう。なぜなら神は、神の真理の徴とムハンマドの真実性の証拠がいつまでも明示されるようにと、この（イスラームの）共同体を、他のすべてのもの以上に高く評価して慈しみ、ムハンマドの宗教を保護することを約束し、……預言者の証言を今日に至るまで存続させ、聖者らを、その証言を明示するための手段としたからである。神は聖者を宇宙の統治者とした。彼らは神の務めに専念するようになり、官能的な愛に身を委ねることをやめた。彼らの出現を祝福して天から雨が降り、彼らの生涯の清らかさによって地から草木が萌えいで、彼らの精神的な影響によって、イスラーム教徒は不信者に対する勝利を得るのである(2)」。

聖者は位階《ヒエラルキー》を形成している。この世には常に聖者がいるが、誰が聖者であるかは知る必要がない。彼らはまた、かならずしも聖者のそれぞれが、自らの立場を知っているべきであるとはかぎらない。彼らはヒエラルキーが決して不完全とならないように、死ぬと同時に入れかえられる。聖者の段階は六段または七段あるが、その頂点はクトブ、すなわち「軸」(「ガウス」すなわち「祝福」とも呼ばれる)である。クトブの役割は、世界中を毎晩巡回する下級の聖者アウタードが指摘する、宇宙のあらゆる不完全性を、除去することである。

聖者は「神とその属性について、可能なかぎりの知識を持つ人」と定義されていて、神の恩寵による賜物、すなわちカラーマート(奇蹟)を行なう能力を与えられている。「その賜物がワリーの上に現れると、通常の事態と矛盾することが起こる。たとえば短時間に長距離を進んだり、必要なときに食べ物や飲み物を取り出したり、水上または空中を歩いたり、無生物である固体や動物の言葉を喋る……などである(3)」。しかし聖者の中には、それ以上のことさえできる人たちもいる。変身したり、何種類もの言語を喋ったり、死者を生き返らせたりする。またワリーは読心術を持つし、墓から起き上がることもできる(4)。

聖者の中には、聖者であることを、純粋に道徳的に解釈しようとする人もいる。ペルシアの神秘主義者で詩人アブー・サイード・b・アビ・ル・ハイル（一〇四九没）について、次のような逸話がある。「人々は彼に言った『水の上を歩く人がいます』。彼は答えた『簡単至極。蛙や水鳥にもできる』。彼らは言った『その人は、空を飛ぶこともできるのです』。『鳥も虫も飛べるではないか』。『あっという間に隣町へ行くこともできるのです』。『サタンが』と彼は答えた『一瞬のうちに東から西へ行くが、そのようなことは、なにも価値のないことだ』。そして付け加えた『本当の聖者は人々の中を行き来して、人々とともに食事や睡眠をとり、市場で売り買いをし、結婚をし、社交にも加わる。にもかかわらず、一瞬たりとも神を忘れない』と」[5]。しかし彼は、その聖者の信奉者らが、その聖者にはどんな種類の奇蹟でもできるのだと報告するのを、止めさせられなかった。

イスラームでは、ある帰依者について聖者として崇拝されるべきであると主張しても、その主張を吟味、あるいは決定する権限が確立されていないので、個人にワリーの地位を与えるのは、大衆の評価である。したがって必然的に聖者の数は多くなり、その崇拝はかなり地域性を持つ。また彼らの出自も、変化に富む。「ある人たちは偉大な神秘主義者で、彼らはしばしば教団または宗教的兄弟団の創設者である。部族の先祖や首長であったり、王子や王朝の開祖のこともある。もっと素性の卑しいイッルミナーティ（照明を受けた人）や奇妙で支離滅裂な発言がしばしば霊感を受けた人のように見える半狂人すなわちマジュズーブ、さらには白痴の人たちもいる。また聖者の中には、過去に存在した樹木や泉水の神々の生き残りや、姿を変えた人もいる。……ローマ・カトリック教の崇拝と同じく、聖者らは町や村、交易、組織の守護者である(6)」。

正統派神学が聖者崇拝の規制にあたって重視したのは、主として、ワリーに対するムハンマドの優越性を守ることであった。ムハンマドの奇蹟は、カラーマと呼ばれる聖者の奇蹟と、うまく区別されている。そしてその説明として、預言者の奇蹟をもたらしたのはアッラーで、神はそうすることによって自らの使徒の誠実さを明示して神の究極の目的——すなわち神の使徒の説教による人類の救済——が一層推進されるようにしたのである、と言う。しかし神学者らは聖者崇拝という宗教行為そのものの認可にあたっては、ムハンマド崇拝を認可または正当化したときに不承不承であったのにくらべて、ずっとその度合いが少なかった——少なくとも、巧妙に受容した。イスラームに一再ならず生じたように、個人が信じる宗教の知的な中心と感情的な中心は、徐々に融合はできたが決して完全に一致することはなかった。

メディナにあるムハンマドの墓が訪問者らの宗教的関心の対象となったのは、メッカの、今日、スーク・アッ・ライルと呼ばれる所にある彼の生家よりも、時期的に早かったようである。メディナの彼の墓に巡礼をすることは、ハッジュの一環として現在もほぼ慣習になっているが、一方、カリフであったハールーン・アッ・ラシード(七八六—八〇九)の母ハイズラーン(七八九/九〇没)が祈禱所に転換した彼の生家は、それほど注目されていない。ところでムハンマドはラビ・ル・アッワル月一二日、月曜日に死亡したが、彼の誕生日は不明で、便宜上、死亡日と同じ日にされている。彼の誕生日、すなわちマウリド（通常モーリドと発音）が、いつ初めて大衆の祭りとして祝われるようになったかについて、文献には何も記されていない。イブン・ジュバイル（一二世紀末）は、同じくマウリドと呼ばれる、既成の慣習となっていたある祭りに言及している(7)。おそらくその一世紀前に、エジプト政府が宮廷の高官の行列を阻止しようとして失敗しているが、その行列で行なわれたいくつかのフトバ（説教）で、マウリド・アッ・ナビー（預言者の誕生日）や、アリーあるいは、ファーティマ（預言者の娘でアリーの妻）の誕生日、そして統治者カリフの誕生日までが言及された。ここで注目すべきこととして、このころマウリドは大衆の祭りではなく、エジプトに勢力を持っていたシーア派の諸団体の儀式であった。

スンニー派の歴史家と神学者らによれば、マウリドの最初の儀式は、一二〇七年、上メソポタミアのモースル南東のアルベラで祝われた。実施したのはムザッファル・アッ・ディーン・キョクビュリュで、有名なサラディンの義弟である。この儀式には、シーア派が示す傾向とともに、預言者崇拝と聖者崇拝の進展に非常に大きな役割を果したスーフィズムとキリスト教の影響が、顕著に見られる。アルベラの出身者で、偉大な歴史家イブン・ハッリカーン（一二八二没）が、キョクビュリュのマウリドについて華麗な記述を残している。

「〈王子は〉非常に豪勢に預言者の誕生日を祝われた。その様《さま》は、まことに筆舌に尽くしがたいが、拙い筆で概略を記してみようと思う。王子が預言者を非常に崇敬しておられることを耳にして、隣接諸州の人々が毎年アルベラに駆けつけた。また夥しい数の法学者やスーフィー、説教者、『コーラン』

読誦者、詩人らが大挙して、バグダード、モースル、メソポタミア、スィンジャール、ナスィービーン、ペルシア側のイラクなど、近隣各地から到着した。外来者の流入は、ムハッラム月〈第一月〉からラビ・ル・アッワル月〈第三月〉が始まるまで、途切れなく続いた。それに先立ち、王子の命令で、四―五階建ての木造の館《やかた》が、二〇軒あまり建てられた。その一つは王子自身、残りがアミールなど国内の名士の私用であった。サファル月〈第二月〉一日には、これらの館が見事に飾りつけられた。館の中のすべての階で催しものがあり、合唱隊や楽隊、中国の影絵師の一団などがいた。期間中はあらゆる業務が休みになり、人々の唯一の仕事は、それらの催し物を見て回って楽しむことであった。館は、砦のある門から、競技場〈以前キョクビュリュによって建設〉近くの〈スーフィーの〉修道所の入り口まで、直線状に建てられていた。毎日アスル〈午後〉の礼拝のあと、ムザッファル・アッ・ディーンがお出ましになり、館の一つ一つの前で足を止められた。そして音楽を聞いたり中国の影絵を見たり、実演中のものをすべて楽しまれた。その後、修道所で宗教音楽に耳を傾けながら夜を過ごし、次の朝、礼拝のあと猟に出かけ、正午前に砦に戻られた。王子は記念日の前夜まで毎日をこのようにして過ごされたあと、記念日を祝われた。記念日は、その正確な日付について意見が分かれているので、ある年は八日に、ある年は一二日に行なわれた。王子は記念日の二日前に、彼の太鼓たたきや歌い手、楽隊の全員とともに、ラクダや牛、羊の大群を競技場に送りこまれた。これらの動物がそこで犠牲として屠られると、多くの大鍋が据え置かれて、肉がさまざまな方法で調理された。王子は記念日の前夜は、日没の礼拝後、砦で音楽会を楽しまれた。そのあと、蠟燭《ろうそく》を手にするおびただしい数の高官に先導されて、お出ましになった。これらの蠟燭のうち、正確な数は記憶していないが二本か四本は大きないくつかの儀式用で、一頭のラバの背に一本ずつ縛りつけられ、蠟燭の後ろに座る一人の男によって支えられていた。王子はこのようにして、修道所へ行かれた。翌日の早朝、その建物から大量の襟つきマントが、スーフィーによって運び出された。スーフィーは一人一人、手にマントの束を持って、次々に出てきた。数えきれないほどのマントが運び出されたあと、王子はその修道所に行かれた。そこには、すでに高官や首長など、多くの名士が集まっていた。やがて説教者のために椅子が置かれた。そしてムザッファル・アッ・ディーンは、彼を迎えるために建てられた木造の塔に上がられた。この塔には、参集者と説教者を見おろす窓がいくつかあり、また別の一組の窓が、きわめて幅の広い競技場に向かって開かれていた。競技場には兵士が整列していて、王子は視線を、先ず兵士らの方に、次に民衆と説教者の方に移しながら、観閲した。兵士たちが順次、縦列行進を終えると、貧しい人のための食事が競技場内に運ばれた。それは、大量の肉とパンから成る大衆向けの食事で、説教に出席した人々のためには、別の食事が修道所に用意された。ところで、兵士が縦列行進をして、説教者が熱のこもった説教をしている間に、王子は、荘厳な宗教的儀式を見物するために近隣諸国から訪れた首長や高官・学識者・説教者・『コーラン』読誦者・詩人らのすべてを召し出された。これらの人々が一人一人紹介され、マントを着せかけられると、王子は自分の場所に戻った。全員が贈物を受け取ると食事が運びこまれ、その一部は、食事を賜る栄誉に値すると判断された人々の家に運ばれた。アスルの礼拝が近づいたころ、あるいはもう少しおそい時刻に食事が終了し、王子はその夜を修道所で、宗教的な音楽会に耳を傾けながら、夜明けまで過ごされた。王子の毎年の習わしは、このようであった……。宗教儀式が終了すると、全員が出発の用意をして、一人一人が王子から下賜金を受けた」[8]。

エジプトでスーフィズムが発展するにつれて、マウリドはエジプトで定着し、比較的短期間に、イスラーム世界全土に広がった。神学者たちは、消極的であった。ムハンマドへの崇敬の念は募る一方であった。そして、イスラームでは、共同体の意見の一致《コンセンサス》が法を形成するものと認められているのである。一方、マウリドを祝うことは明らかにビドア（新規慣行）で、教理と伝統的慣習の両方に反していた。ワッハーブ派の思想的先駆者の一人イブン・タイミーヤ（一三二八没）が、ファトワー（法的見解）の中で、「預言者が誕生した夜とされているラビ・ル・アッワル月の一夜」[9]に祝われたような、いろいろな新しい祭りの導入を、簡潔な言葉で非難した。彼と同時代のイブン・アル・ハーッジュ（一三三六没）は、女性の参加を辛辣に非難したが、女性の参加は今日もしばしば、比較的厳格な人々や正統派の攻撃を受ける。マウリドについては、スユーティー（一五〇五没）も長々と論じ、彼自身の時代とそれ以後の時代に広まっていた見解について述べたあと、マウリドはたしかに「新規慣行」であるが、ビドア・ハサナ（賞讃に値する新規慣行）である、との結論を出した。彼がマウリドについて描いた状況は、イブン・ハッリカーンの記述と多少異なっていて、かなり今日の慣習に近い。

スユーティーは、『コーラン』とムハンマドの「生涯の物語（多くの場合、詩歌または散文と詩歌で構成)」の朗誦をマウリドの核心と考え、行列や祝宴、興行は、付随物にすぎないと考えた。[10] 同じくマウリドと呼ばれるこれらの讃辞は、起源的には、キリスト教の聖者の祭りで通常行なわれていた説教に啓発された可能性があり、預言者の生涯の重要なできごとを、その生涯の超自然的性格に重点をおいて順次記すと共に、数多くのマナーキブ(美徳)を崇敬の念をもって詳述している。主としてアラビア語とトルコ語で記されたこのようなマウリド詩歌は好評を博し、他の儀式でも朗誦されるようになった。たとえばメッカでは近親者の死後七日目に、専門の読み手にマウリドを誦ませることが、宗教的慣習になっている。パレスティナでは、宗教上の誓約を成就したときに、しばしばマウリドが詠まれる。[11]

スーフィーがマウリドの祭りの大衆化に寄与したことは、マウリドの行列に王またはその代理人が立ち会うエジプトで、祭りの本体にいわゆるズィクルの集会が行なわれたことによって、確証づけられる。ズィクルというのは、神への回想や讃美を表す規定の言葉を、身振りと特殊な呼吸方法で、儀式の順序に従って繰り返すもので、スーフィー(ダルヴィーシュ)教団の儀礼に欠くことができない。神との近接感、または束の間の一体感など、陶酔を経験することが目的である。言葉や身振りの順序は教団ごとに異なり、主役を務めるシャイフ(長老)の直観に、多くが委ねられている。しかし、内容はどれも同じである。「アッラー以外に神はなし」、「神は最も偉大である」のような規定の言葉、またはアッラーの名称のいくつかが、特定のリズムで無限に繰り返される。太鼓や笛を伴奏に、歌が加えられることもある。ズィクルの集会は頻繁に、ときには毎晩行なわれる。そして少なくとも週に一度、教団の建物で持たれる定例の金曜礼拝に、付随して行なわれる。そのズィクルがマウリドの祭りに加えられていることは、スーフィーの信仰が大衆の宗教感情を代表するものとなったことを、他の何物にも勝り如実に示している。

預言者に無関心を装うか、あるいは彼を「偶像的に崇拝」するかの間で保つべきバランスを見出すという微妙な問題に直面して、厳格な神学者や現代の知識人の大半が示した臆病さと当惑の有様が、イブン・タイミーヤのファトワーに反映されている。その中でイブン・タイミーヤは、ワッハーブ派や若干の進歩派のグループ以外からはあまり反応がなかったが、許容できる崇拝と非難すべき崇拝を、対立するものとして定義しようと試みた。メディナのムハンマド・モスクの墓に行くときに、遵守すべき儀礼について論じた中で、彼は次のように指示している。「イスラーム教徒がメディナに入る時、預言者のモスクへ行き、そこで礼拝することを許そう。なぜならこのモスクでする礼拝は、他の場所でする礼拝の千倍の価値があるからである――メッカの聖モスクだけは例外として。その後、預言者に敬意を表することを許そう。なぜなら、預言者が実際に言っている。『もし誰かが私に敬意を表すれば、アッラーはたしかに、私の魂を私に戻し給う。私が表敬に答えられるように』と。……賢者の大半によれば……訪問者が墓の方を向くこと、すなわち、キブラに背を向けて立つことは正しい。……すべての権威者が合意の上で禁止しているのは、訪問者が廟に触れたり口づけをしたり、周囲を回ったり、廟に向かって祈禱をすることである。もし訪問者が次のように挨拶をすれば、すなわち、『なんじの上に平安を、ああ、アッラーの使徒よ！　ああ、アッラーの預言者よ！　ああ、アッラーの被造物の中の最良の者よ！　ああ、すべての被造物の中で、なんじの主に最も祝福されている者よ！　敬虔な者たちの指導者よ！』――もし訪問者がこのように言えば、それですべてを言ったことになる。ムハンマドの属性は、これですべてだからである――アッラーよ、そのように言った訪問者を祝福して、平安を与えたまえ！　彼が墓に向かって立っても、決してそこで礼拝をさせてはならない……まさしく、預言者が言っているではないか、『ああ神よ！　私の墓を偶像として礼拝させ給うことなかれ！』と」。[12]

フランスの偉大な歴史家で哲学者の、ルナンが言う。「人々は有史以来、同じ場所で礼拝を献げてきた」と。この言葉は、おそらく次のように限定して解釈する必要があるだろう。すなわち、「それらの地が、宗教の中心としての人気を継続して持つには、そこに居住民の継続性がなければならないし、そこに、宗教教団とそれにともなう組織を設立することが、継続の実質的援助となる」[13]と。たとえば小アジアのような、セルジューク・トルコや後のオスマン・トルコなどの新しい住民層が先鋒となってイスラームが入った地域に比べて、エジプトやシリア、パレスティナは、いろいろな崇拝の継続性が断たれることが少ない。したがって小アジアでは、キリスト教からイスラームに転換したときよりも、異教からキリスト教に転換したときの方が、多くの聖所が生き残った。一方、パレスティナでは、オリヴ山にあるほら穴の聖所としての変遷が、非常に典型的な例であろう。このほら穴は、今日「ラービア・ル・アダウィーヤ（八〇一没）の廟としてイスラーム教徒の信仰を集めているが、キリスト教徒は、ペラギアが罪の償いをした場所として聖所にしている。その一方で、ユダヤ教徒は時代を一層さかのぼって、このほら穴を女性預言者フルダーの廟であると考えて、愛着を抱き続けている(14)」。

ここで考えられることは、原初的な崇拝形態と、誰を崇拝するかについての原初的な考えは、そのような地域の聖所に尾を引いて留まるということと、無学な人々が持つ実際的な宗教は、非常に一般的な点においてのみイスラームの教理に従うだろうということである。土着の慣習はイスラームと和平を結ぶにあたって、しばしば、それまで聖樹または聖石としてきたものを『コーラン』の人物と同定できる聖者に結びつけたり、その聖者をナビー（預言者）と認めたりした。後者については、きわめて容易であった。なぜなら『コーラン』にも正統的な伝承にも、神の使徒の完璧なリストがないからである。古代の礼拝の場が、このように不完全にイスラームに吸収された結果、それらの地には今も、住民の中のキリスト教徒が参詣しているし、逆にイスラーム教徒も、地域のキリスト教の聖者に加護を祈願することに、何ら疾《やま》しい思いを抱かないのである。聖者らの奇蹟が、宗派を越えて交錯する一方で、聖者らのさまざまな活動とその崇拝の形には、はるか昔に人々が聖者に求めたり与えたりした役割が、ほんのわずかな修正が加えられただけで不朽にとどめられているのは、もっともなことである。

アーサー・エヴァンズ卿がテッケ・キョイ（南セルビアのウスキュブ近く）の、それほど重要ではないイスラーム聖者の聖所崇拝について記録しているが、その中に、聖地の宗教的状況が、あますところなく記されている。「柱のそばに平らな石があり、祈願者はその上に立って、最も望んでいることを祈願する。そのあと石を抱くが、指先が石の反対側で触れるようにする……。儀式を最後までしたい人は、次に聖堂近くに湧く泉の水を一つの樽に満たし(いま一つの原初的要素)、茨の森を抜けて隣接する小山に登る。山の上には、木の塀で囲まれたイスラーム聖者の墓、すなわちテッケがある。この墓石にかぶさるように、一本の茨の木が生えている。この木には、参詣した病人が結びつけた(広く流布した原初的信仰に基づいて)、色とりどりのぼろ布がぶらさがっている……。墓の中央に穴が一つあり、その中に聖泉の水が注がれ、聖らかな土と混ぜられた。参詣者はそれを三度飲み、自らの額に三度それを塗りつけなければならない……。

「次に、墓の回りを歩いて三周し、毎回、墓石の上《かみ》と下《しも》の部分に口づけをして、額をつける必要があった。その次に、三角形のお守りを作って首にかけるために、一握りの墓の土が与えられた。中空の石の上にかざしたダルヴィーシュの両掌の下で混ぜられた占い用の小石が吉と出たので、犠牲を捧げに行った。儀式が墓の塀の外で行なわれるので、外へ出ると、「石の祭司」が仔羊を用意して待っていた。アルバニア人のガイドが羊の喉を切り、私が右手の小指をその血にひたすと、その指を額につけるようにと言われた。

「犠牲を完了して、再び聖堂へと下りて行った……そこでは、着ていたものを一枚脱いで、ダルヴィーシュに聖柱に巻き付けてもらわなければならなかった。それを一晩そのままにしておいた。蠟燭を奉納することを義務づけられていたので奉納すると、暮れてきたころそれらの蠟燭に、石のそばの窪んだ火床で火がともされた。その後、大麦の穂を三本与えられ、食べるように言われた。屠《ほふ》った羊の一部は、隣接した控えの間で私たちが食べる夕食用に取っておかれ、残りを祭司が取った。控えの間は石と同じ屋根の下にあり、開いた扉の向こうに石が見えた。私たちはその控えの間で夜を過ごすように言われた。その聖らかな石の超自然的な効果が現れて、開祖らのころのように夢を見られるようにするためである(15)」。

聖者には男性もいれば女性もいる。事実、カイロのシッタ・ネフィーサやサイイダ・ザイナブのように、女性の聖者の中には、住民の信仰生活で非常に重要な役割を果たす人が若干いる。時折、メッカのシャイフ・マフムードのように、対象が女性の崇拝者に限られている聖者もいる。

聖者を称えて特別に定められた日は、通常、聖者の誕生日あるいは死亡日、すなわち聖者がいわば永遠の生命を得た日、と信じられている。おそらく後者の方が多い。それ以外の聖者の祭りは、マウリド（記念日）ではなく、マウスィム（字義は「時季」、祝祭あるいは祝宴の）で、それらの実施時期は、聖者自身の生涯の伝説めいたできごとよりも、自然界にかかわる古代の祭りを反映している可能性がある。マウスィムの日数は、聖者の地位によって異なり、一日だけのこともあれば三―四日続くこともある。有名なネビー・ムーサー（預言者モーセ）の祭りは、その主な特徴が同じような祭礼すべてに典型的に見られるもので、ギリシア正教暦*の聖金曜日**の前の金曜日から、洗足木曜日***まで続けられる。

＊　ユリウス暦に基づく暦で、一六世紀ごろから用いられている。
＊＊　復活祭の前の金曜日。
＊＊＊　聖金曜日の前日。

ネビー・ムーサーの廟は、エルサレム街道を少しそれた、エリコの南西四マイルにある。彼のための施設として、モーセのものと推定される墓を覆う本殿と、その聖所から屋根のない中庭で隔てられ、それを取り囲むように設けられたいくつかの部屋とがある。それらの部屋は主として、訪問者の宿泊用である。いくつかの台所や厩、貯蔵室も付設されているほか、二つのモスクと墓地もある。それは、預言者のそばに埋葬されることが、祝福と考えられているからである。

行列は、エルサレムでネビー・ムーサーの旗がムフティー（法学者）に手渡されたときに出発する。ムフティーはその旗を開き、旗竿に付けさせる。「旗は緑のビロード製で、縁にそって金色の糸で刺繍が施されている。旗の表と裏の中央に、文字が記された黒い絹の布が一片ずつ縫いつけられている」。行列（トルコの支配期には、軍楽隊や儀仗兵を従えるのが通例）は、旗持ちを務めるムフティーと、その預言者の従者たちに導かれて、ゆっくりとエルサレムを出る。通りはどこも、他の地域の聖者らの旗を持った見物人であふれている。行列はある地点から先は、車あるいは馬車で続けられることもある。公式の行列は、マウスィム（祝祭）のためにネビー・ムーサーの廟に向かうものだけではないが、構成はどれも似かよっている。

「旗持ちが、楽隊を従えて先頭を進む。その後ろに一行の中の若者が若干名、指導者を取り囲んで続く。彼らは指導者によって示されたテンポで踊る。どの踊りにも歌がついている。指導者が歌の章節を朗誦し、他の人たちがそれを繰り返す。指導者は刀剣や棒、ハンカチなどを宙で振りながら、他の人たちとともに踊り、そうすることによってテンポを示す……。歌ったり踊ったりしながら、一行は調子良く手をたたく」。

しばしば指摘されるように、『聖書』の中に、これに非常に似た行列が見られる。アンモン人の歓喜に満ちた行列である。彼らが手をたたき足を踏みならして、イスラエルの地を嘲笑したため、主は彼らを威嚇したのであった（「エゼキエル書」二五章六節）。

ところで「預言者の従者」は四家族から集められる。もちろん彼らの役割は聖職者的ではないし、宗教的な色彩を帯びるものでもない。四家族のうちの二家族が、食べ物の準備を受け持つ。別の一家族が旗持ちを、残る一家族がムアッズィン（礼拝招集者）を出す。動物が屠られるが、そのとき、通常の「アッラーの名によって」ではなく、特別の祭文――「汝から汝へ（ああ、アッラーよ）、それを我らの主人ムーサー〈モーセ〉のための、償いと報奨となしたまえ」――が唱えられる。それに「汝の誓いを受け入れよ、おお神の対話者〈モーセ〉よ」という言葉が続くことがある。犠牲獣の肉は、参加者に配られることもあるし、そうでなければ、台所の一つで調理されることもある。費用は預言者モーセへのワクフ（寄進財）で賄われる。個人で屠った動物については、捧げた人が自らと友人のために、大きな方を取る。マウスィム（祝祭）には、多くの商人や興行師が集まる。中庭に恒例の市が立つ。外に、にわか造りのコーヒー店が設けられ、影絵の劇場では影絵が上演され、競馬が行なわれる。特別のズィクルの集会も計画される。また、『コーラン』の朗誦のときは、人々は物音一つ立てず耳を傾ける。ゲームや歌、いくつもの儀式が催され、楽しい日々があっという間に過ぎる。参加者の心理状態が次の歌に如実に示されている。

結婚の祝宴も（本当に）喜ばしいことではない、
男子の割礼（の祝宴）も、そうではない。
モーセさまを訪れること意外に（本当に）喜ばしいことはない――
モーセさまに平安と祈禱を。

あなたのためでなければ、ああモーセさま、苦労してここまで来なかったでしょう、
そして私たちの足で、小石や砂を踏むこともなかったでしょう。
こんばんは、ああモーセさま、ああイムラーン家の御子息。
ヨルダンの谷に、ハウラーンに住まわれるお方。

モーセを讃える数々の儀式は、イブン・アル・ハーッジュが、ヘブロンのアブラハムの墓で行なわれた歌や踊りを、恥ずべき新規慣行として非難したことを思い出させる。
公式の行列は洗足木曜日に、ネビー・ムーサーの旗を携えてエルサレムに戻ってくる。帰還には、

出発時と同じ行事が行なわれる。聖金曜日に、踊りも音楽も伴わない旗の行列で儀式が閉じられる(16)。

イスラーム世界の一部の地域、たとえばパレスティナなどでは、割礼などの純粋に個人的な儀式を、聖者（特にネビー・ムーサー）参詣と結びつけることが慣例になっている。割礼は、ついでながら、法学派のすべてが義務づけるものではないが、それにもかかわらず大衆の脳裡では、豚肉の忌避同様、忠実な信者となるためには不可欠で、聖所の境内で行なわれる。割礼を受ける男児は、専門の踊り手や楽師が演技を披露する行列に伴われて、群衆が熱狂的に歌う中を廟に連れて行かれる。

エジプトやメッカでも同様の行列が見られるが、メッカではあくまでも個人的な行事である。どこでも、割礼を受ける男児にはできるかぎり豪華な服を着せ、悪霊の対策も講じられる。エジプトでは、悪霊対策の一つとして、女装をさせる。北アフリカでは、割礼に石の刃物が用いられなければならないが、それは『旧約聖書』「ヨシュア記」五章の、イスラエルの子らが聖地に入ると同時に、石の刃物で割礼を受けるという章句を想起させる、古い時代の残存風習である。イスラーム教徒のもう一つの「個人的」儀式で、子どもの誕生後七日目に行なわれるいわゆるアキーカの犠牲は、おそらく一度も聖者崇拝に関連づけられたことがないようである。伝承には、この日に子どもに命名することと、子どもの髪（これもアキーカと呼ばれる）を切ることが、推奨すべきこととして記されている。その際、切った髪と同重量の黄金または銀を、貧者に与えなければならない。また貧者たちは、犠牲獣の肉の良い部分を受け取る。

5　ムハッラム月一〇日

イラクとインドで広く見られ、イランとイェメンの国教であるシーア派は、イスラームのいわゆる正統派であるスンニー派とは、情緒的雰囲気および主要教理を成立させた動機が、共に異なっている。スンニー派の信仰心の篤い信者は、多くが忍耐強く慎重であるのに対して、シーア派の信者は宗教的感受性がより鋭く、教理への感情面の反応がより激しく、排他的で狂信的な性格を露わに示す。神学的に過激な傾向は、シーア派に対する迫害が途絶えているこの数世紀間に薄らいだかもしれないが、シーア派の過敏な性格は、国家によってシーア派が承認されている国のみならず、シーア派が行政権を持つ国においてすら、依然として抑圧された宗派特有のものである。

シーア派によって、イスラーム本来のメッセージに付け加えられた二つの観念の第一のものは、人間（特定すればアリーとその子孫）に神が顕示されているとの確信である。彼らは「神聖な光」を保持する者をイマームと呼び、イマームを共同体の精神的・政治的指導者とする。信者は彼を信奉することによってのみ、救われる。「誰でも己《おのれ》の時代の真のイマームを知らずに死ぬ人は、不信者として死ぬことになる」と言われる。ムハンマドの同時代人の中にも、彼にそのような観念をすでに賦与していた人々がいたかもしれないが、アリーが信奉者の一部によってそのように考えられていたことは、確実である。「私はアリーへの愛を通して、神と将来の状態を探求する」との言葉がある。近年の神学的教義では、イマームは次のように定義されている――「汚れなく、大小を問わずどのような罪も犯したことなく、あらゆる美徳、知識、力を授けられて」いる者。また、「神のすべての祝福、すべての知識が彼らを通してもたらされる。彼らによって宇宙は生命を得、動き、存在する」と。(1)

シーア派がイスラームのメッセージに追加したもう一つの観念は、「受難」すなわち身代わりによる受難の観念で、まさにこれこそ、シーア派の情緒的側面を決定づけるものである。しかしその観念の具現化を促した最大の事件はアリーの暗殺ではなく、カルバラーの悲劇であった。ヒジュラ暦六一年ムハッラム月一〇日(西暦六八〇年一〇月一〇日)、アリーの息子でムハンマドの孫、後に第三代イマームに数えられるフセインは、従えていた小隊とウマイヤ朝の軍との小ぜりあいで、死亡した。彼らはイラクのクーファの信奉者たちに招聘されて、ダマスカスのウマイヤ朝カリフに対する反乱の指揮者として、クーファに向かっていたのである。彼の墓はバグダードの南西ほぼ六〇マイルのその戦場にあり、ただちに巡礼地となった。またそれとほぼ同時に、フセインの死は自発的な自己犠牲の行為、と解釈された――すなわち、信者は彼の苦しみによって天国に入る、と解釈された。フセインの運命は殉教のひな形となり、シーア派の伝承では、アリー一族の英雄のすべてが、殉教者とみなされている。彼らはほとんどがカリフの教唆によって毒殺されたのであった。詩人ムフタシャム(一五八八没）の言葉に次のように見られる——

人類を悲しみのテーブルに呼び出したとき、彼らは先ず、位階《ヒエラルキー》を成す預言者らを呼び出した。聖者らの番がきたとき、天界は身を震わせた。召喚者らが神の獅子（アリー）の頭を強打した一撃に。(2)

仲介者による救済の観念が、ムハンマドの説いたイスラームと異質のものであることは、あまりにも明らかである。その観念がシーア派に入り込んだことを、アラブの教理に対するイラン的反発とみなすことはできない。なぜなら初期のシーア派信者は、アラブの子孫か、アラブ化された啓典の民であったからである。

ごく初期の八五〇年または八五一年に、カリフ・ムタワッキルが政治的見地から、フセインの墓の破壊と、カルバラーへの巡礼の禁止の必要性を感じた。しかし国家の介入もあまり効果がなく、廟は再建されて今日に至るまで、シーア派全土の巡礼者にとって信仰の中心地となっている。また聖所のそばに埋葬されると、かならず天国に行けると信じられているので、シーア派信者の老人の多くがカルバラーに住んだり、それがかなわなければ遺書の中で、その聖なる都市に遺体を運んでもらいたい、と依頼する。遺体を運ぶキャラバンが、何世紀も果てることなくペルシアやインドからカルバラーを訪れ、町を一大墓地に変えた。

フセインがシーア派の教理の中心に立つといえば、おそらく正確ではないだろう。しかし彼の人格と運命に思いを馳せることが、シーア派信者の宗教体験の情緒的動因の要《かなめ》であることは、疑う余地のない真実である。シーア派の主要かつ非常に特徴的な祭りが、フセインの死をめぐって設けられていることは、初期の追悼者の言葉によれば、彼を「審判の日に神と和解をするための絆」としたことを示している(3)。

イスラーム暦の一年が終わりに近づくと、通りに黒いテントが建てられる。これらのテントは、飾り布や武具・燭台で飾られる。あちこちに木製の説教台が設けられる。祭りが本格的に開始されるムハッラム月一日に、人々は喪服を身につけ、髭をそることと入浴を慎み、質素な食事をする。説教台からフセインの物語の初めの部分が、微に入り細に入り、エピソードを交えて語られる。聴衆は感きわまる。彼らは「ああ、フセインさま、ああ、フセインさま!」と叫びながら、呻《うめ》き、涙をこぼす。あちこちの説教台でモッラー(説教師)が交代で、このような朗誦を日がな一日続ける。一時期、地域の有力者がテントを建て、モッラーを雇って朗誦を依頼し、聴衆にその間、食べ物や飲み物をふるまったことがあった。ところで、ムハッラム月の最初の九日間に、男性のいくつかのグループが、裸の上半身を黒または赤に染めて通りを練り歩く。彼らは髪をむしり取ったり、自分の体を刀剣で打って傷つけたり、鎖を引きずったり、激しいダンスをしたりする。彼らとスンニー派教徒や他の敵対者との間に揉めごとが生じて、負傷者や死者がでることもまれではない。

ムハッラム月10日の大行列
(*Religious Inspiration in Iranian Art,* Negarestan Museum より)

　祭りのクライマックスは、ムハッラム月一〇日の大行列である。それは葬送行列を表すもので、本来、フセインの埋葬を再現するために計画された。行列の中心はフセインの棺《ひつぎ》で、八人の男が担ぎ、両脇に一人ずつ旗持ちがつく。棺の後ろに四頭の馬と、体に血を塗りつけた約六十人の男が続き、勇壮な歌を歌う。そのあとにフセインの軍馬ドルドル*が続く。行列の最後には、通常五〇人ぐらいが、二枚の板を調子良く打ち合わせながら進む(4)。

＊「ズールジャナーフ」の誤記と思われる。ドルドルはフセインの父アリーの馬。

詩人のカーアーニー（一八五三没）の作品に、フセインを悼む教義問答書形式の挽歌がある。シーア派信者の心情が、劇的に唄われている。詩は次のように始まる。


何だ、雨のように降っているのは？　血だ！　誰の？　目！　どんな風に？　昼も夜も！　なぜ？

悲しいから！　何が悲しいのだ？　カルバラーの王のことが！

彼の名は？　フセイン！　血統は？　アリー！

母は？　ファーティマ！　祖父は？　ムスタファー（ムハンマド）！

王の身になにが？　殉教！　どこで？　マーリヤの平原で！

いつ？　ムハッラム月一〇日！　密かに？　いや、衆目の中で！

殺害は夜？　いや、白昼！　何時《なんじ》？　正午！

頭を喉元から落とされたのか？　いや、首筋から！

殺られたとき、喉の乾きはなかったか？　いや、乾いてた！　誰も飲み物を与えなかったのか？

誰が？　シムルが！　どの泉から？　死の泉から(5)！

　奴らが与えた！

葬儀を再現して聖者を記念する儀式は、イスラーム世界で他に例がなく、イスラーム以前の儀式と一体化したものであることが指摘されている。行列の構成と、用いられた象徴の細部の多くは、アドーニス（タンムズ）の祭りの儀式と、全般的に共通点を持つことが確証づけられている。夏が近づいたときにアドーニス神が非業の死を遂げたことは、無慈悲な太陽の焼けつく日差しのもとで、自然の生産力が低下することを象徴しているが、その死に続けて七日間の服喪が行なわれ、その後、遺体は洗浄され、油を塗られ、経帷子《きょうかたびら》に包まれて、葬列によって国外に運ばれ、ようやく埋葬された。(6) フセインの祭りが初めて行なわれたのはペルシアではない。我々の知る限りでは最初のムハッラム月一〇日の行列は、九六二年にメソポタミアで「悲嘆にくれて涙ながらに粛々と」行なわれた。つまり、アドーニスの伝承がさまざまに姿を変えて、間歇的ながら依然として何らかの生命力を持ち得たメソポタミアで、二世紀以上もたってからフセインの祭りが起こったのである。歴史家イブン・アル・アスィール（一二三四没）の記録によれば、西暦一〇六四年「アルメニアからフゼスターンにかけて、亡くなったジン（妖霊）の王に弔意を示さない町は、ことごとく滅ぼされるという奇怪な噂が流れ、人々を震駭させた」。また同歴史家は、一二〇四年にモースルとイラクで疫病が猛威をふるったとき、「ウンム・ウンクード（葡萄の房の母）と呼ばれる女性のジンが息子を亡くしていたが、彼の死に弔意を示さない人はすべて、疫病の犠牲になると囁かれた」と語っている。(7)

ムハッラム月一〇日の行列はシーア派世界に限られているが、一方、フセイン崇拝はスンニー派にも広まった。ファーティマ朝（九〇九―一一七一）はフセインの首級をカイロに運ばせて、その上にハサナイン・モスク（字義――二人のハサン、すなわちハサンとその弟フセインのモスク）を建てた。それは現在も、特別の聖地として名声を保っている。シーア派の行列の哀悼者らがすべて男性であるのに対して、アーシューラーの日〔ムハッラム月一〇日―訳者〕にハサナイン・モスクに集まる群衆はもっぱら女性で、明らかにズィクルの集会を見るのが目的である。(8)

比較的近年になって、ペルシア文学またはアラビア文学に発展した唯一のドラマであるタァズィーエ、すなわち受難劇が、シーア派のムハッラム月一〇日の祭りの、真のクライマックスになった――ヨーロッパ人が最初に目撃したのは一八一一年である。舞台に必要な物は、大型のタ―ブート（棺）や「前に置かれる燈明台」、フセインの武器と旗ぐらいである。詩人が導入部を語り、そのあと少年の合唱をバックに、フトバ（説教）のような哀歌を詠誦する。別の一組の男性合唱団が喪に服する女性の服装をして、女性や母親などの悲しみを表現する。観衆はカルバラーの土を固めて麝香《じゃこう》に浸したものを与えられ、「目もあてられないほどに悲しんで、それに額をつける」。タァズィーエの費用を寄付することは功徳のある行為で、献金者はそれによって「天国に自らの宮殿を建てる」(9)。

劇の形式は確定していないが、約四〇から五〇の一連の場面で構成される。たとえそのできごとが観客に知られていなくても、ドラマには緊迫感はないだろう。というのは、上演前にそれらのできごとについて、ガブリエルから預言者へ予告されたり、いくつもの夢の形であらかじめ見せられたり、さらに何度も冗長な語りがあるからである。しかし、演技自体、特にフセインの渇きの苦しみの描写、戦闘、死にまつわるエピソードなどは、きわめて迫真的である。フセインの受難のできごとを象徴するために、『旧約聖書』の人物も導入される。国民の反アラブ感情も時折表面化するが、彼らの敵はなんと言っても、フセイン殺害を命じたカリフ・ヤズィードと、致命傷を与えたと信じられているシャンマルないしはシムルである。

観客の興奮は刻一刻と高まる。しばしば、フセインの殺害者を演じる役者に、リンチを加えかねない。反スンニー感情は、観客にスンニー教徒が混じることを容赦しないほどである。最終場面では通常、殉教者の首級をカリフの宮殿に運ぶ行列が演じられる。道中で葬列が、キリスト教の修道院で足をとめる。と、修道院長はその首級を見て、ただちに自らの信仰を断つことを宣言し、イスラームに改宗する。首級がヤズィードの宮殿に到着したときに、偶然そこに居合わせて目撃した数人のキリスト教徒の外交官にも、同じ変化が起きる。キリスト教徒のみならず、ユダヤ教徒、異教徒も、同様の影響を受ける。ライオンさえ、フセインの首級を前にして、頭を低く下げるのである。

これらのタァズィーエは、粗野で残酷になりがちであるが、本質的には、教理をドラマ化したものであることに、留意すべきである。シーア派の英雄たちの神学的発言が、劇中で絶えず引用される。しかしそれ以上に重要なことは、劇中でフセインの殉教を通して救済されるとの観念が、きわめて明確に、また強力に展開されることである。劇の一つのまさに冒頭で、ガブリエルがムハンマドに告げる（ここではハサンが弟と運命を共にしている）。「そなたの二人の孫が、卑劣な敵の手にかかり打ち果てるであろう。二人が神の掟を、何らかの形で破ったからではない。いや、宇宙の不死鳥よ！　そ

カルバラーの戦い
(*Religious Inspiration in Iranian Art,* Negarestan Museum より)

なたの身内には誰一人、罪の穢れに染まった者はいない。むしろ彼らは、殉教者たちの顔が永遠に神に選ばれた者の輝きを表すように、イスラームを受け入れた者を救済するために犠牲になったのだ。そなたがもしや、そのような邪悪な者の罪の許しを望むのであれば、そなたの園の二つの薔薇が、時満たずして摘みとられることに、逆らってはならない[10]」。

政府軍に包囲されたフセインは、野営地で延々と会談をしたあと、ジンの王の援助を拒否する。と、ウマイヤ家の武将が預言者の孫を殺す有志を求める。シムルが応じて述べる。

「我こそは流血の誉れ高き剣の所持者。ただこのために、母の胎を出でし者。審判の日の葛藤も心を煩わせはしない。ヤズィード（ウマイヤ朝カリフ）を崇め奉る者。神への恐れは皆無。主の大いなる御座《みくら》を揺がせ、震えさせることも可能。我こそアリーの子フセインの首級を上げ得る者。イスラームとは無縁。何ら懲罰を恐れることなく、軍靴で神の知恵の箱フセインの胸を、踏み躙《にじ》ってまいろう。

「フセイン　矢の傷、剣の傷の何と疼くことか。しかし、ああ神よ、裁きの日に、我がために我が民に慈悲を示し給え。死の時が来た。しかし、アクバル（彼の息子で、すでに殺害）がここにいない。神よ、預言者である祖父が今ここにいて、会うことができれば！

「預言者（登場しながら）愛しいフセインよ、迎えに来た、神の預言者、祖父が。そなたの儚《はかな》い現《うつし》身《み》の傷を見るために。愛し子よ、汝は我が民の手で、ついに殉教を遂げた！　これこそ彼らからの報奨として、我が望むところ。ああ、神はありがたきかな！　目を開け、愛し子よ。乱れた髪で祖父に目を注げ。もし心に何か望みがあれば、はっきりと告げよ。

「フセイン　愛しいお祖父さん、もう生きるのは真平《まっぴら》。むしろ次の世に行き、愛する人たちを訪ねたい。教友や、友人に会いたい——特に、愛する息子アリー・アクバルに。

「預言者　嘆くな、息子アリー・アクバルの殺害を。その死は全人類の集合の日に、我が罪深き人々のためになるであろうから。

「フセイン　アリー・アクバルの殉教が、御身の民の幸福への貢献であり、我が苦難が、御身のとりなしの業《わざ》を可能にし、我が身のこのような災いが、御身の休息に寄与するのであるからには、御身の民の救済のために魂を献げます、一度、二度ならず、千度でも。

「預言者　嘆くな、愛しい孫よ。そなたもまた同じく、裁きの日に神への仲介者。今は渇きに喘いでいるが、明日はそなたはアル・カウサル（天国）の水の分配者。」

このようにして、カルバラーの事件の解釈に宇宙的意義が賦与される。受難劇として、キリストの死を強く想起させる。

最後の場面は、我々を復活の日へと導く。預言者たちと罪人たちが墓から立ち上がる。

「書記（罪人たちに）皆のもの、どうだ、動転して口もきけぬな。口を閉ざした者ども。足かせや鎖、軛《くびき》で身動きがとれぬ者ども。なにゆえ煩悩と情欲の奴隷になった？　なにゆえ目方の足りぬ物を人々に売りつけた？　さあ、番人。者どもを連れ去り、不滅の火の上で懲らしめるのだ。

「罪人たち　神の御使いよ、ああ、どうか好意をもって私たちを心に留めて下さい。私たちは衰弱していきます。走って救いに来て下さい。拷問を受け、悲しみだけを道連れに、この上ない苦痛を味わっています。私たちは罪人ですが、でもあなたの民であることも確かではないでしょうか？

「預言者　大いなる神よ、慈悲を示し給え、我が民の罪に。ああ、主よ、苦悩と憂慮に悶える我に慈悲を示し給え。ああ神よ、情けをもって慈愛の松明に火をともし給え。御心によって我が民が、彼方の火に焼かれることを防ぎ給え。

「ガブリエル　不従順な輩《やから》から身を引くのだ、主の預言者よ。この恥知らずたちを見捨て、これ以上、彼らについて語ってはならない。彼らにふさわしいのは、ただ、永遠《とこしえ》の滅び。預言者よ、自らの持ち場に戻れ。今こそ神の正義が明らかにされるべき時であるから。

「**預言者**　ああ、ガブリエル、どのようにして口を閉ざしていることに耐え得よう？　どのようにして我に従う愛する者たちの、このような状態を静観し得よう？　我が衣を引き裂こうとも、恥ではあるまい。ああガブリエル、採るべき最善の道を我に示したまえ。

「**ガブリエル**　我が言葉に耳を傾けよ、理解力を授けられたすべての民の目標で、望みなる者よ。この窮状の打開を志すのであれば、カルバラーからフセインを呼び寄せるのだ。破滅の泥沼から罪人の足を抜き出し得るのは、ただフセインのみであるから。もしやあのノアが来て、この船の水先案内をすれば、船はかならず岸なき大洋を安全に航行するであろう。」

フセインが容赦し難いようすで登場。彼は自分の家族が受けた苦しみへの復讐を要求し、各人が味わうことを余儀なくされた苦痛を詳述する。

「**預言者**　フセインよ！　数々の苦しい経験をしたに違いない！　誰がそのような辛い物語に耳を傾け得よう！　殉教は、まぎれもなくそなたの王冠。試練はそなたを神のおそばへ導き、神とそなたの間に、強力な連携を打ち建てることであろう。これまでの艱難《かんなん》を嘆いてはならない。とりなしの樹に実を結ばせるのだ。そして今や、我が民の中の罪人たちのために、心を砕くのだ。

「**フセイン**　ああ、この世の創造主、造り主よ、聞き入れ給え。敵に馬から突き落とされたときにかけて、ザイナブがシムルに慈悲を乞うたときにかけて。もっともシムルは、ザイナブが我が目を閉じることを許さず、彼女が我がために泣くことも許可しなかったが、あの者どもの邪悪な行為を、慈悲をもって許し給え。彼らの非道を、喜びをもって許し給え。」

ガブリエルが主の裁定を発表する――「ほとんどの艱難を経験し、ほとんどの苦痛に耐え、困苦の中にあって最も忍耐を示した者、その者に、仲介者としての特権を勝ち取らせる」。

ガブリエルが預言者に告げる――「このとりなしの鍵を我が手より取り、最大の試練の数々を経験した者に与えよ」。

預言者たちの中で、悲しみと苦しみをフセインと競えるのは、ただヤコブのみである。

ガブリエルが再登場し、預言者の手から裁定を受け取り、次のような主のメッセージを手渡す――「かつて誰もフセインほどの痛みと災いに苦しんだ者はいない。誰も彼ほど、主に従順に仕えた者はいない。これまで行なったすべてのことがらにおいて、誠実でない歩みをしたことのない者。汝は、その者の手に、天国の鍵を委ねよ。とりなしの業《わざ》の特権は、ひとえに彼のもの。我が特別の恩寵により、フセインはすべての民の仲介者である。

「預言者（鍵を手渡しながら）さあ、行け、炎の中から救出せよ。生涯にそなたのために、ほんの一滴であれ、涙を流した人のすべてを。そなたをどのような方法であれ、助けた人のすべてを。そなたの廟を参詣した人、そなたに弔意を表した人のすべて、そしてそなたのために、悲劇的な詩句を綴った人のすべてを。それぞれの人を、そしてすべての人を天国に連れて行け。

「フセイン　ああ友よ、悲しみから救出されよ。そして祝福された者の館《やかた》について来るのだ。悲しみは去った。今や歓喜と休息のとき。苦難は過ぎ去り、安楽と安堵《あんど》のとき。

「**罪人たち**（天国に入りながら）神は讃《ほ》むべきかな！　フセインの恩寵によって幸福になり、彼の恵みによって破滅から救出された。フセインの愛情深い優しさによって、我々の道は薔薇と花々で飾られた。かつて茨や薊《あざみ》であった我々が、フセインの慈悲深いとりなしによって杉になれた。(11)」

シーア派小史
——誕生からイラン・イスラーム共和革命まで

嶋本隆光

シーア派の誕生と初期の発展

六三二年、預言者ムハンマドは息を引き取った。孫ほども年が離れた妻アーイシャの膝の上での静かな最期であったと言う。波乱万丈の生涯ではあったが、死の直前の数年間は、平穏無事に過ごすことができた。

しかるに、平穏な死とは裏腹に、ムハンマドが残したイスラーム共同体ウンマは、以後引き続いて起こる深刻で血腥《ちなまぐさ》い内部対立を内に孕んでいた。預言者の存命中は、神の知識を直接受ける能力を持つ、生ける立法者がいたわけであるから、共同体内で生起したあらゆる問題は、多少の対立があったとしても彼の裁定（すなわちアッラーの啓示）で解決することができた。しかし、神から直接教示を仰ぐことのできる預言者が没した今、信者が直面しなければならない法的、宗教的な問題はどのように対処されるのであろうか。事態は深刻であった。

信者共同体は、有無を言わせず存続させねばならない。残された大多数のムスリムたちは、アブ

アリー

ー・バクル（六三二―六三四在位）を預言者の後継者として選出した。この後継者はカリフ（ハリーファ）と呼ばれた。カリフは預言者の後継者とはいっても、何ら預言者の機能は保持しない。彼は、神からの啓示という伝家の宝刀を持たない、共同体の長老にすぎない。カリフとしてウンマの最高指導者的地位を継承しうる候補者は何人かいたが、その中からムハンマドが布教を開始した初期より彼を援助してきたウンマの長老、アブー・バクルが選出されたにすぎない。アブー・バクルは前述のアーイシャの父親であった。

この選出そのものには、たいした反対はなかったようである。しかし、少なくとも後代のシーア派の立場からは大いに問題があった。つまり、シーア派の言い分によればこうなる。

ムハンマドの叔父のアッバースと従兄弟のアリーおよびその妻（預言者の娘）ファーティマなど、身近なハーシム家の者たちが預言者の遺体を洗浄し、葬儀の準備をしている間に、他の教友たちはアリー不在のまま後継者を決定してしまったというのである。この決定に対して不満が唱えられる理由は、アリーその人と預言者の特殊な関係である。つまり、アリー・b・アビー・ターレブ（六〇〇頃

—六六一）は、ムハンマドの従兄弟であり、しかも幼少の頃より預言者と行動を共にし、日常生活における接触が密接であった。彼がこのような特殊な関係を通じて預言者からイスラームの奥義を伝授されていると信じる人々がいたのも無理からぬことであった。特に、ムハンマドが死の直前、いわゆる「別離の巡礼」で、アリーを公然と後継者に任命したという事件が重視された。

しかし、現実の問題として、信者共同体の最高指導者が没したとき、後継者の選出は急を要した。そのときアリーはまだ三二—三三歳であって、少なくともアラブの伝統に従えば、ムスリム共同体の長として経験が不足していた。また、アリーは決断力に欠けるという評価もあった。これらの条件によって、彼には指導者としての資格はないとみなされたのである。

いずれにせよ、預言者の後継者の地位は、アブー・バクルが没した後もアリーのものとはならず、ウマル（六三四—六四四在位）、ウスマーン（六四四—六五六在位）が相次いでカリフとなった。アリーがカリフの位に就いたのは、ウスマーンが暗殺されてからのことであった。この頃には、アリーの共同体における地位は比較的強固になっていたとはいえ、彼のカリフ就任には多くの複雑な問題が絡んでいた。その中で最大のものは、暗殺されたウスマーンの報復の問題であった。

カリフ・ウスマーンは、ウマイヤ家に属し、預言者が新しい宗教を宣教中、彼に対して最も激しく敵対していた家系であった。元来、ハーシム家とは折り合いが悪かった。そのウスマーンがカリフに就任すると、ウマイヤ家の者を枢要な地位に登用する、縁故主義を極端に用いたため、アラブのみならず、非アラブムスリムの間でも根強い反感があった。ウスマーンの統治政策に対して、イラクのクーファなどを中心に怨嗟の声が上がり、やがてそれが彼の暗殺へと結びついたのである。

このような状況の中で、カリフに就任したアリーの敵対者たちは多かった。その最大の人物であるウマイヤ家の領袖ムアーウィヤは、ウスマーンの殺害者たちへの血の復讐を迫った。他方、アリーを快く思わなかったムハンマドの未亡人アーイシャは、幾人かの重要な教友と組んで敵対した。

後者は、比較的容易に鎮圧することができたものの（駱駝の戦い、六五六）、ムアーウィヤの率いるウマイヤ家は、執拗にアリーに対してウスマーンの報復を迫り、その責任の一端をアリーに帰した。これはムアーウィヤ側が権力獲得をもくろむ口実であった。こうして、アリー軍とムアーウィヤ軍は、やがてスィフィーンの野で対峙することになる（六五七）。この戦いは、多くの人的犠牲を出したにもかかわらず、決定的に雌雄を決するには至らなかった。ムアーウィヤ側は、この局面でコーランに基づいて話し合いにより事態を打開するよう申し出た。彼は象徴的な行為として、槍の先にコーランをつけて和議を提案したのである。これはウマイヤ軍の知将、アムル・b・アースの献策であったという。

こうして事態は和解へと進展するのに対して、アリー軍の一部の分子は不満を感じ、彼の軍から離脱した。この一団の人々をハワーリジュ派といい、後にシーア派の歴史において重要な役割を果たすことになる。つまり、ハワーリジュ派の立場によれば、ムスリムの諸行為における最終決定権は、唯一絶対の神にのみ属する事項であって、人間が為すべきではないというのである。この立場からすると、紛争に際して、人間的判断を用いて談合による和解に到達しようとしたアリーもムアーウィヤも共に悪であった。

ハワーリジュ派の態度に対して、アリーは、イスラーム共同体全体の調和に反するという判断から、彼らを弾圧した（ナフラワーンの戦い、六五八）。このグループの人々は、アリーに期待するところが大きかっただけに、逆に彼らのアリーに対する恨みは骨髄に達した。

六六一年、三人のハワーリジュ派の刺客がメッカを出立した。一人はムアーウィヤを、今一人はウマイヤ軍の将、アムル・b・アース、そして最後の人物イブン・ムルジャムは、アリーを殺害するためであった。現在イスラーム共同体が混乱していることの責任は、この三人にあるというのである。前二者は目的を果たすことができなかった。しかし、イブン・ムルジャムは、ラマザーン月一九日、朝の祈りのためにモスクへやってきたアリーに襲いかかり、致命的な傷を負わせた。二日間生死の境をさ迷ったアリーは、同月二一日、息を引き取った。アリーの遺体は、クーファまたはナジャフに埋葬されるが、シーア派の信者は、後者であると信じている。ナジャフは、現在もシーア派で最大級の聖地のひとつである。

アリーの後は、長男のハサンがイマーム位を引き継いだ。しかし、ハサンは元来政治的野心を持たない人物であった。カリフ職をめぐってウマイヤ軍と交わした初戦で敗退するや、ムアーウィヤの圧力のもとに密約が締結された。その結果、父アリーから受け継いだ信者共同体の指導者の権利をムアーウィヤに譲渡してしまった。ハサンはメディナに隠遁し、ここにウマイヤ朝が成立した（六六一―七五〇）。一説に、ハサンとムアーウィヤの密約の一項目に、ムアーウィヤの没後、カリフの権利は

アリーと二人の息子
ハサンおよびフセイン

ハサンの弟フセインに返還するという項目があったといわれる。しかしながら、結局、ムアーウィヤは、息子ヤズィードにカリフ権を与えた。こうして、ウマイヤ家による王朝原理に基づく支配体制ができあがった。

ウマイヤ家は、ムハンマドやアリーが属したハーシム家とは対立の関係にあり、支配を開始すると、アリーの支持者（シーア・アリー）に対する弾圧を始めた。しかも、アラブを重用したため、非アラブムスリム（マワーリー）たちの不満がくすぶっていた。

このような状況を背景にして、ウマイヤ朝の初期からさまざまな反乱が起こった。中でも、六八〇年に起こったアリーの次男フセインの殉教は、シーア派の歴史に消そうとしても消すことのできない刻印を残すことになった。

アリーの二人の息子（ほかにもアリーには息子は多くいる）ハサンとフセインは、シーア派の歴史において格別の注意が払われている。というのは、この二人がムハンマドの娘ファーティマから生まれたためである。ただ、弟のフセインは、兄のハサンとは異なり血気が盛んであった。そのためか、

カルバラーのフセイン廟

アリー自身、生前にはフセインの方を好んだという伝承が伝わっている。

さて、六八〇年、フセインは、ウマイヤ朝の任命した知事の誅求に苦しむクーファの民から援助を求められた。父の時代からクーファの人々は、セイエドと呼ばれる「預言者の家系の人々（アフル・バイト）」への支持を表明していたものの、かならずしも信用できない面があった。しかし、フセインは決意を固め、女子供を含む少数の縁者、支持者たちを伴ってクーファに向かった。

一方、ウマイヤ朝の大軍は、バグダードの南約一〇〇キロに位置するカルバラーという荒れ野でフセインの一行を待ち、やがて両軍は対峙した。もとより勝利の可能性などまったくない戦いであった。案の定、クーファからの援軍は来たらず、七二名を数えるフセイン軍の戦士は全滅した。戦史的には、何ら語るところのないできごとであった。しかし、シーア派の歴史において、カルバラー事件は決定的に重大な意義を持つ事件であった。シーア派のパトス的側面は、まさにこのカルバラー事件に集約していると言ってよかろう（後出、「注」参照）。

炎天下のカルバラーの野で、激しい喉の渇きに苦しみながら、敵将シムルの手によって切断されたと伝えられるフセインの首級は、ダマスカスなるカリフ、ヤズィードの許へ運ばれた。また、フセインの遺体は、カルバラーの地に埋葬されたと伝えられる。その結果、カルバラーの地は、今日に至るまで、シーア派信者の崇敬する巡礼地となっている。

援軍の派遣を約束しながら、カルバラーに馳せ参じなかったクーファの人々でアリーの一派を支持する人々は、この結果を知って大いに改悛した。四年後、これらの人々は、フセインに倣い、自殺行為ともいえる蜂起を敢行して全滅した（タッワーブーンの蜂起）。

さらに、タッワーブーン（改悛者）の蜂起の翌年、ムフタールの反乱が起こった（六八五）。これは、アリーの別の息子、ムハンマド・ハナフィーヤ（ハナフィー族の女から生まれた子供）を擁立する反乱である。やはり、ウマイヤ朝のアラブ至上主義政策に不満を持つ分子を結集した運動であった。この運動は、同時代における反ウマイヤ家、親アリーのグループによる運動という共通の政治目標を掲げる一方、ムハンマド・ハナフィーヤはイマームでありマフディー（救世主）であると認めた。また、彼は死んだのではなく（七〇〇没）、「お隠れ（ガイバ）」になったにすぎず、やがて「再臨（ロジューウ）」するという宗教思想に発展した点で画期的な運動であった（カイサーン派）。この考えは、後述するように、やがて十二イマーム派シーア主義の核心部分を構成することになる。

このような一連の反ウマイヤ朝運動は、やがて、アッバース家擁立の運動へと発展していく。ただ、ここで注意を要するのは、これらの運動において、指導者たちはシーア主義（すなわち、アリー一派への支持）を標榜する点では共通するものの、それぞれの運動で中心に据えられた人物は、後代シーア派の主流となる十二イマーム派の系列に属するものではかならずしもないという点である。すなわち、預言者が属するハーシム家を支持する点では一致しても、運動の指導者たちは、自らの政治目標を達成するために、アリー一党の者を便宜的に利用した印象が強い。これは、フセイン以降の後継イマームは概して政治に積極的に関与せず、隠遁して宗教の指導にあたる傾向が強かったためである。

十二イマーム派教義の成立

いずれにせよ、ウマイヤ王朝への不満は、アッバース革命によって頂点に達した。この運動は、王朝の首都ダマスカスを遠く東に離れたイラン北東部ホラーサーンで開始された。この地でも、積年の反ウマイヤ家感情、特にアラブ至上主義に対する非アラブムスリムの憤懣が、親ハーシム家の立場をとって表出していた。イデオロギーとしては、カイサーン派の立場が主導原理であった。

アッバース家の祖は、預言者ムハンマドの叔父アッバースである（系図参照）。彼の子孫は、わけあってアラビアとパレスティナの中間にあるシャラート地方にあるフマイマという寒村に居住していた。ウマイヤ朝の末年において、ムハンマド・b・アリー・b・アブドッラー・b・アッバースが中心的人物であった。この人物の時代、すでにホラーサーンのカイサーン派との連絡ができていた。こ

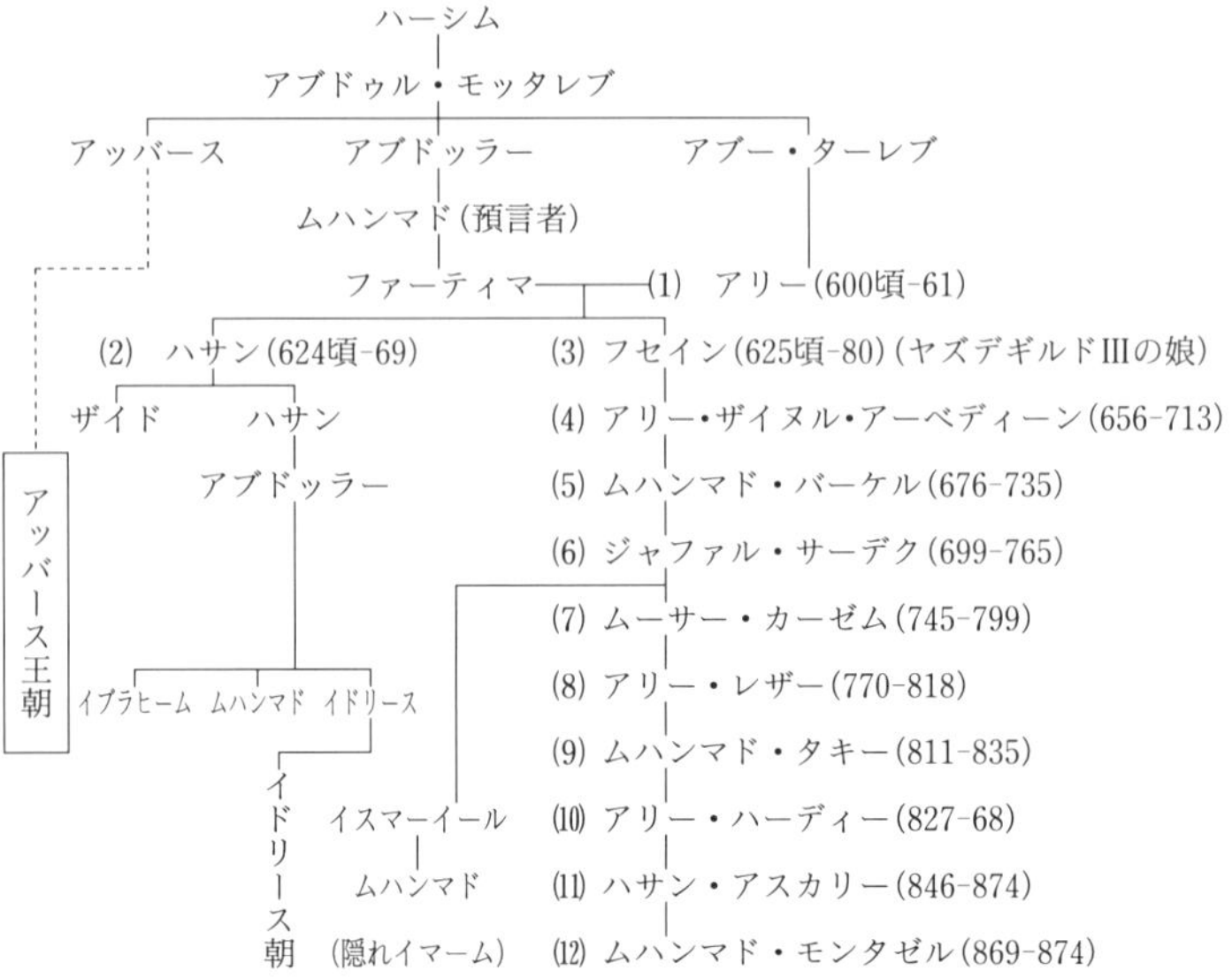

預言者ムハンマドとアリーの家系図

のムハンマドはやがて没するが、その息子エブラヒームの時代になると、ホラーサーンを初めとして、各地へ使節を派遣して反ウマイヤ家の宣伝を行なっていた。

アッバース運動は、七四五年、若き兵士アブー・ムスリムがホラーサーンへ派遣されると、飛躍的に拡大進展した。もはやウマイヤ軍は、血気盛んなアブー・ムスリムの率いる軍の敵ではなかった。カリフ・マルワーンは、革命のシンボル、エブラヒームを暗殺するが、たいした効果はなかった。結局、ホラーサーン軍はクーファに入城し、その町でエブラヒームの兄弟、アブー・アッバースが新カリフを宣言した。ここにアッバース朝が成立した（七五〇）。クーファの町は、アッバース家の旗の色である黒一色に飾られた。

このように、アッバース朝の成立に際して、預言者の家系（アフル・バイト）に対する尊崇が運動推進の原理として利用され、大いに効力を発揮した。シーア主義（イマーム・アリーに対する敬意に基礎を置く）もまた利用されたが、同時に預言者の叔父アッバースの子孫の高貴な血統をも利用したのである。つまり、この時期においても、現在イランの国教となっている十二イマーム派シーア主義の前身であるイマーム派は、まだ確固たる基盤を形成していなかった。

ただ、おそらくイスラームの成立以前から中東世界に存在したさまざまな宗教思想、たとえば魂の輪廻（タナースフ）、お隠れ（ガイバ）、再臨（ラジャ）、霊魂の憑依（フルール）などが、依然として人々の間で根強く受け継がれていたであろう。このような考えが、アリーという人物と結びつきやすかった点が指摘できる（ゴラート）。このゴラート思想は、すでに記したカイサーン派などに顕著に表れていた。

こうして、全般的に言って、後代のイマーム思想と結びつく思想的雰囲気（エートス）が存在したとはいえ、それはアリーを初代として容認し、共同体の指導権を世襲的にその子孫へと伝えることを最大の特徴とするイマーム派シーア主義では決してなかった。

ところで、アッバース革命の成功はシーア派に何をもたらしたのであろうか。革命には反革命が伴う。アッバース革命で中心的イデオロギーの役割を担ったのは過激派シーア主義（ゴラート）であった。いったん権力を確立してしまうと、アッバース朝の指導者たちは、革命の功労者アブー・ムスリムの暗殺に続いて、シーア派を弾圧し始めた。王朝そのものは、徐々に形成されつつあるスンナ派の宗主としてイスラーム世界に君臨することになった。こうして、アッバース革命がシーア派にもたらしたものは、一時期の自由な活動のみであった。王朝の確立後は、激しい弾圧のもとに、アリー一党の政治的活動は大幅に制限されたと言わなくてはならない。しかし、厳しい状況が、逆にシーア派思想家たちの関心を内に向けさせることになった。以後二〇〇年ばかりの間に、今日知られる十二イマーム派シーア主義の教義的基盤が確固として据えられたのは、歴史の皮肉と言えよう。ここに、歴史の逆説がある。そして、その立役者が、ジャファル・サーデク（七〇二―七六五）であった。

ジャファル・サーデクは、十二イマーム派の一二人のイマームの中で、最も優れた学者として知られている。彼の晩年は、ちょうどカリフ・マンスール（七五四―七七五在位）の時代であり、アリー一党に対して激しい弾圧が加え始められた時期にあたる。したがって、ジャファル・サーデクも政治的活動に関心を示さなかった。よしんば関心があったとしても、表立って行動することは到底できない情勢にあった。そこで、彼はメディナにあって、多数の弟子たちを集め、教育に専念していた。サーデクは、時代の政治状況を鑑み、信仰の危機に際して自らの信念を守るために本心を隠すと言う原則（タキーア）を採用した。この原則は、抑圧されたシーア派信者が置かれた厳しい現実から、いわば必然的に生まれたものであったが、以後同派の重要な教義の一部となった。

ジャファル・サーデクは、以上の事情から、過激なシーア主義を説くことはなかった。逆にそのために、彼の該博な学識を求めて、宗派を問わずイスラーム世界の各地より多数の学者たちが参集した。アブー・ハニーファ（ハナフィー派の祖）やマーレク・b・アナス（マーレク派の祖）のような錚々たるスンナ派の学者もその中に含まれていた。十二イマーム派の伝承には、ジャファル・サーデクに辿ることのできるものがきわめて多く、同派の神学および法学の形成に果たしたこの人物の影響力は計り知ることができない。現在も十二イマーム派シーア主義がジャファァリー派と言われるのは、この人物に因んでいる。

無論、彼の時代は十二代目のイマームの「お隠れ」以前の時代であり、十二イマーム派の教義ができあがっていたはずがない。しかし、この人物の存命中にイマームに関する教義の核心部分が形成された点は特筆に値しよう。とりわけ、アリーの子孫であるイマームに対する忠誠（ワラーヤ）の原則は、アリー以後、フセインの系統に属するイマームたちの優位を決定的にした。

ジャファル・サーデク以降のイマームたちもまた、アッバース朝による迫害の環境の中で、目立った活動を行なうことができなかった。また、六代目イマームが打ち立てたイマーム派の原則に何ら新しい要素を付け加えることもなかった。

ただ、後代イランにおける十二イマーム派シーア主義の広汎な受容という点で、八代目イマーム、アリー・レザーについて若干言及する必要がある。

七代目イマーム、ムーサー・カーゼムの後を継いで、アリー・レザーは七九九年、イマームに就任した。彼がイマームであった九世紀初め、イランを含む広大なイスラーム世界を支配していたアッバース朝は、かの有名なハールーン・アルラシード（七八六―八〇九）の二人の息子、アミーン（八〇九―八一三）とマームーン（八一三―八三三）によって支配されていた。帝国の東半分は、弟のマー

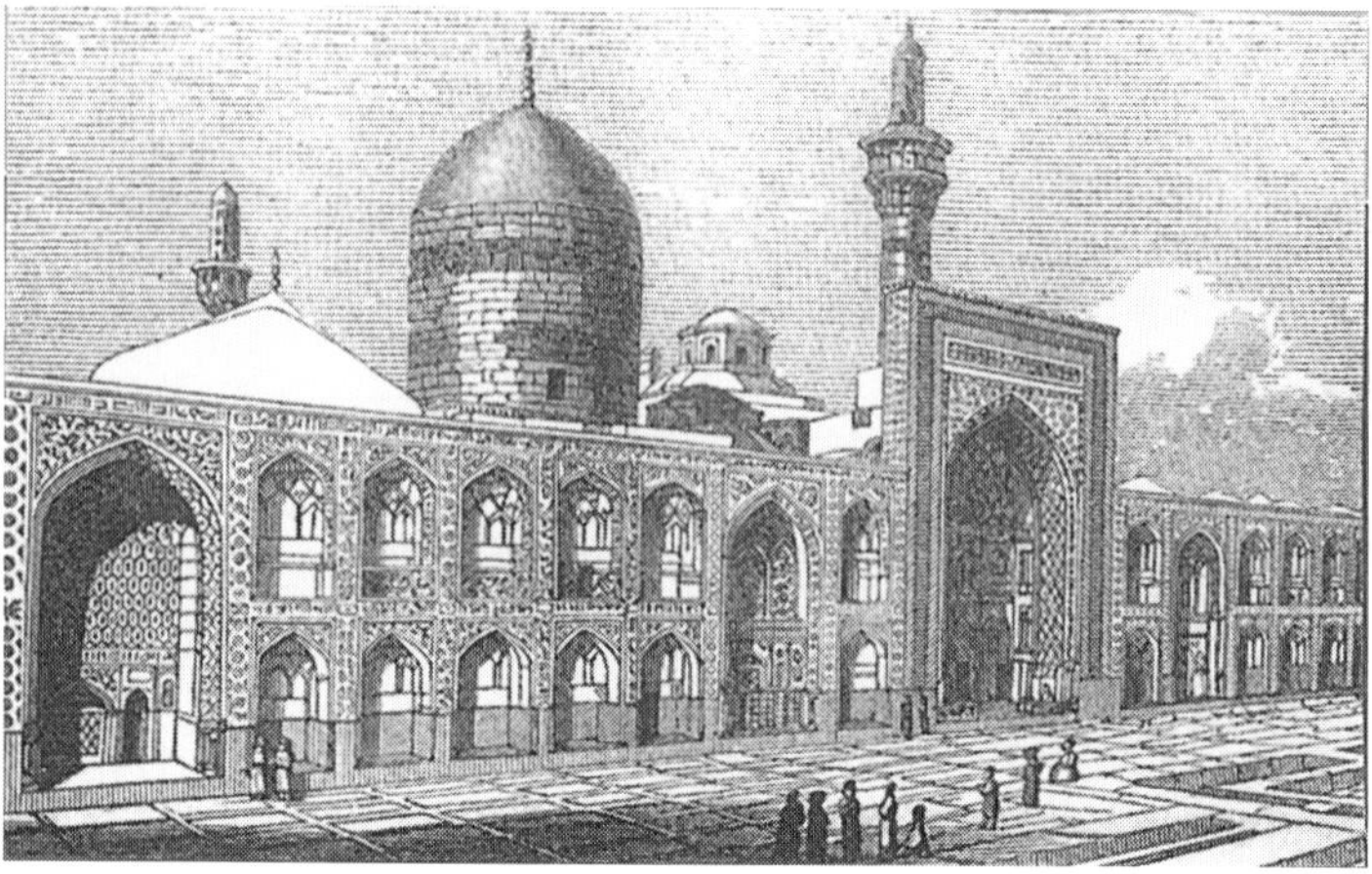

アリー・レザーの廟（マシュハド，19世紀）

ムーンが支配していた。彼は、伝えられるところによると、八代目イマームをみずからの後継者に任命するために、イラン北東部にあるメルヴへ招聘した。マームーンがこの招聘についていかなる意図を持っていたかはともかくとして、八一五年、アリー・レザーはこの招待を受け入れ、メディナを立ってホラーサーン地方へ向かった。彼はその地で歓迎を受け、実際に後継者に任命されたといわれる。しかし、バグダードでの政情の変化によって、マームーンは帝国の首都へ帰還しなければならなかった。アリー・レザーも彼に従ったが、帰途、突然トゥースという町で没した。シーア派の信者の信じるところでは、イマームはマームーンに殺害されたという。いずれにせよ、彼が葬られた場所は、今日のマシュハドとなり、イラン国内でもっとも敬われている最大のイマームザーデ（イマームの墓処）となった。

ところで、十一代目イマーム、ハサン・アスカリー

12代目イマーム・マフディーの廟（コム郊外ジョムケラーン）

（八四六—八七四）は、八七四年に没した。後継者としてムハンマドという人物がいたとされるが、実は、彼は幼少にして他界したという。初代イマーム・アリー以来継続していたイマームの系譜はここで途絶えてしまったかに見えた。しかし、信者たちは、ムハンマドは死んだのではなく、「お隠れ」になったにすぎず、世の終焉の直前に「マフディー（救世主）」として「再臨（ラジャ）」すると信じた。遅くとも、彼の死後六—七年を経ずして、このような考えが信者の間で受容されるようになった。十二代目イマームが「お隠れ」になったことの歴史的、教義的意義はきわめて大きい。「お隠れ（ガイバ）」の教義は、迫害に継ぐ迫害の中でイマーム派シーア主義神学者たちが講じた苦肉の策であって、イマームが「お隠れ」になることにより、信者たちはイマームに対する敵の直接攻撃を回避できるばかりか、自らの信条に教義的正当性を与えることができた。ここに十二イマーム派シーア主義の原理が完成した。

十二代目イマームが没した後、およそ七〇年の間は「お隠れ」中のイマームの代理人（サフィールまたはヴァキール）が相次いで四人立ち、シーア派共同体の指導にあたった（小掩蔽時代）。四人の代理人とは、サイード・アムリー（八七五没）、ウスマーン・アムリー（九一七没）、ルーフ・ノウバフティー（九三八没）、ムハンマド・サマルニー（九四一没）である。この四人の代理人の中で、特に二代目のウスマーン・アムリーの長い代理職の期間にイマームに関する情報が収集され、十二イマーム派シーア主義の原型がほぼできあがった。また三代目のノウバフティーは、有名なノウバフティー家の一員であり、アッバース家と結びつくことによって、広範な政治的権力をふるうようになった。

しかし、三代目の継承をめぐっては一騒動あった。つまり、この人物以外に幾人もの代理人の候補者がいたが、その中でシャルマガーニーという人物も有力視されていた。この人物が、ノウバフティーが投獄されているさなか、自分は預言者であり、イマームその者だと「僭称」したのである。この事件は大過なく収束したとはいえ、十二イマーム派の存立にとって無視することのできない警告を与えた。その結果、代理人制度の孕む危険性を察知して制度そのものが廃止されてしまった。やがて、四代目の代理人が後継者を任命せずに他界すると、シーア派共同体は、現世における指導者がいなくなってしまった（大掩蔽時代、九四一年から現在まで続く）。

ところで、最後のイマームが「お隠れ」になり、四人の代理人が立った時代と相前後して、シーア主義伝承学、および神学の黄金時代を迎えることになった。これには政治的要因が強く働いていた。

つまり、カスピ海南岸のダイラム地方（現ギーラーン）から起こったブーヤ朝（九三二―一〇六二）が、現在のイランを中心に覇を唱えたのである。この王朝は親シーア派であった。同王朝はアッバース朝の首都バグダードのあるイラク方面にも影響力を及ぼしたが、カリフ政権を転覆することを得策とせず、表面上これに忠誠を誓った。しかし、イスラーム世界の心臓部の一角に親シーア派政権が成立したことは、シーア派思想家たちが自由に活動する機会を与えることになった。

一方、チュニジアに発するファーティマ朝（九〇九―一一七一）が、エジプトで勢力を持っていた。この王朝は、十二イマーム派ならぬ、イスマーイル派（七イマーム派）を標榜した。十二イマーム派からすれば、これに対抗するべく一層の教義上の整備を必要としたわけであり、この意味においても十二イマーム派神学発展にとって、逆説的とはいえ、結果的には有益であった。さらに、シリア方面にもシーア派政権が成立しており、紀元一〇世紀は「シーア派の黄金時代」と言われる。

この時代にほぼ完成した十二イマーム派シーア主義の教義の特徴は、迫害の時代を経て思想そのものが穏健化した点である。ウマイヤ朝期に見られた過激派シーア主義（ゴラート）は、なりを潜めていた。ただ、十二代目イマームの「お隠れ」と「再臨」の思想は、同派神学の最も重要な部分として取り入れられていた。しかし、これとて反体制運動の焦点となるはずの生けるイマームが存在しないことを正当化する面が強く、むしろ現状を肯定する傾向を持っていたと言える。

このように、穏健化に向かう傾向は、すでに八世紀のジャファル・サーデク以来の伝統であった。もはや近い将来、シーア派が理想とする、公正と平等に基づく信者共同体の到来は期待できない、という現実認識が信者の間で強まり、苛立ちが見られた。このような状況に直面した指導者たちは、現実の問題を他に転嫁するべく、徐々にマフディー（救世主）思想へと方向転換したのであろう。たしかに、初期のマフディーは政治的脈絡の中で解釈される傾向があったが、一〇—一一世紀には、終末的色彩が濃くなった。一〇世紀初めの「小掩蔽時代（八七四—九四〇）」が終わる頃に最後のイマームはカーエム（代理）、またはサーヘボル・アムル（司令官）と呼ばれていたのが、一一世紀になると、終末論的称号ホッジャ（徴《しるし》）をもって呼ばれることが多くなったのは、以上の事情を示している。この十二イマーム派神学の体系化に尽力したのがシャイフ・モフィード（九四九—一〇二二）などであった。

さらに、一〇世紀初めから一一世紀にかけて、前代からさまざまな形で伝えられ、保存されてきたイマームに関する伝承（アフバール）が集大成された。イブン・バーブーイェ（九九一没）の『マン・ラー・ヤフズルフ・ファキーフ（法学者要らずの書）』、ムハンマド・クライニー（九四一没）『ウスール・カーフィー（十全なる集成）』など、シーア派神学、法学の鑑となる伝承集が編纂されたのである。十二イマーム派では、この二冊に加えて、一一世紀のムハンマド・トゥーシー（九九五—一〇六七）による『タフズィーブ・アフカーム（諸規定改善の書）』、『イステブサール（判断の書）』の四冊を『四大伝承集』と呼び、同派教学の根本資料とされている。

一〇—一一世紀においては、イスラーム世界の伝承研究の中心はバグダードであった。現に、「お隠れ」以後、シーア派信仰の焦点とも言うべき「代理人」たちは、すべてバグダードに居住した。この人々は商人階級に属するものが多く、都市の上流階級の一部を形成していたとも言われる。さらに、彼らはアッバース朝のカリフや大臣とも友好的な関係を保っていた。すなわち、彼らの態度は、政治的にいって明らかに穏健であったと言える。

他方、当時実質的な権力を持つブーヤ朝が親シーア派であったため、一般民衆レベルにおいてもシーア派的慣習の実施が奨励された。たとえば、アリーが預言者ムハンマドによって後継者に任命されたとされるガディール・ホム事件が祝われ、三代目イマーム・フセインのカルバラーの殉教を記念する行事（タアズィーエ）が大規模に行なわれたのもブーヤ朝期であったと言われる（後出、「注」参照）。

十二イマーム派のイラン定着

しかしながら、東方よりトルコ人がイスラーム世界に押し寄せ、新たにセルジューク朝（一〇三八―一一九四）が成立した。この王朝は当初よりスンナ派を擁護し、シーア派を抑圧する政策をとったため、再び十二イマーム派をはじめとするシーア派諸勢力は、受難の時代を迎えることになった。とりわけ、有名な宰相ニザームル・ムルク（一〇一八―九二）は、イラクやそのほか帝国の支配地域に、学者養成機関であるニザーミーヤ学院を建設してスンナ派学問の促進に貢献した。逆に、シーア派は衰退を余儀なくされた。

この時代に至るまでに、シーア派研究の中心地はメソポタミアを離れ、イランに移っていた。レイ、コム、カーシャーン、カズヴィーンには、比較的多くの学者が居住していた。しかし、やがてシーア派研究の中心地は、イランの地を離れ、ヒッラ、アレッポ、ジャバル・アーミルなどに移り、その担い手はアラブ居住地の学者となる。当のイランでは、十二イマーム派の学者の数は激減した。

一三世紀の初頭、はるか東方のかなたでは重大な事件が進行していた。チンギスハーンの率いるモンゴル軍が西アジアに迫っていたのである。破竹の勢いで進む騎馬遊牧民の侵攻を受けて、西アジアの主要な都市は、破壊と殺戮に震撼した。この時点までに、アッバース王朝は、地方に割拠した群雄のために、すでに有名無実の存在となっていたものの、かろうじてイスラーム帝国のシンボルとして余命を保っていた。しかし、モンゴル人の前についに同王朝は潰えた。時に一二五八年のことであった。

イランの主要都市も破壊をほしいままにされた。しかし、イル汗朝（一二五六―一三五三）の成立とともに、新たな時代が訪れる。モンゴル人支配者は、シャーマン的な宗教の信奉者、あるいは仏教徒であったと言われているが、概して宗教には寛容であり、イスラームもその例外ではなかった。

マフムード・ガーザーン（一二九五―一三〇八在位）の治世に至ると、この王は積極的にイスラームに関心を示した。彼が信奉したイスラームがスンナ派、シーア派のいずれであったか明らかではないが、十二イマーム派であったという説が有力である。いずれにせよ、ガーザーンは、一二九五年七月、全モンゴル軍とともにイスラーム改宗を敢行した。彼の改宗には、有名な宗教学者アッラーマ・ヒッリー（一二五〇―一三二五）の力があったと言われている。

さらに、彼についで王位に就いたウルジャイトゥー（一三〇四―一六在位）は、自らをホダーバンデ（神の下僕）と呼び、熱心にイスラームに帰依した。この国王は確実に十二イマーム派であったと言われる。既述のとおり、モンゴル人支配下のイランでは、比較的自由にイスラーム信仰が許容される雰囲気があった。そのため、シーア派の学者は、自らの教条にとらわれずに、スンナ派の方法論を大幅に援用しながら立場の強化に努めた。およそ一二〇〇年から一四五〇年まで、十二イマーム派シーア主義研究の中心は、カルバラーとナジャフの間にあるヒッラへと移行していた。先述のアッラーマ・ヒッリーやムハッキク・ヒッリー（一二〇五―七七）など、後代の十二イマーム派法学の発展に一大画期をもたらした大学者が輩出した。

ヒッラがこれほどに学問研究の中心地として栄えたのは、モンゴル人との間に密約が交わされた結果、破壊を免れたためであった。以後、およそ二〇〇年の長きにわたり、町は十二イマーム派研究の中心地として君臨することになる。

モンゴル人の王朝が崩壊すると、イランの地は今度はティムールによる破壊、殺戮を体験した。ティムール朝（一三七〇―一五〇七）には独特の文化が栄えたが、この時期における十二イマーム派シーア主義の状況については詳しく知られていない。しかし、この時期にシーア主義とスーフィズム（イスラームの神秘主義）が合体するようになったと、しばしば指摘される。西部イラン、北部イラク、東部アナトリア、北部シリアなどに存在したさまざまなスーフィー教団内部でも、アリーは神秘的な教祖として信奉されていた。そのほかに、明らかにアリーを神格化するアフレ・ハックから穏健な十二イマーム派まで、多様なシーア主義があった。いずれにせよ、これらのグループでは、アリーに格別な地位を与えた点で共通している。やがてイラン近代史を画するサファヴィー王朝の前身であるサファヴィー教団は、そのような神秘主義教団の一つであった。

サファヴィー王朝の起源は、一四世紀にカスピ海南西岸にあるアルデビールに現れた神秘主義の教団である。師弟関係を通じて神との合一に至る修行を目的とするのが神秘主義である。神秘主義者は、人里離れた地で隠棲生活を送りながら、精神、肉体に対して過酷な修練を行なう。しかるに、サファヴィー教団も開祖サフィー（一二五二―一三三四）から数代を経ると、拡大発展し、地方の有力者から物質的な援助を得るなど、俗世間との関係を断ち難くなった。特に、ジュナイド以降の教団は、対外的発展、教勢の拡大に関心を示した。とりわけ、トルコ東部にいたシーア派教徒への布教、ならびに同地に居住するトルコマンに教えを浸透させ、熱烈な支持者を獲得するようになった。

ハイダルが没すると、その息子イスマーイール（一五二四年没）が教団の長となった。この人物がサファヴィー教団の指導者となったのは、わずか一三歳の時であった。イスマーイールは卓越したカリスマ性の持ち主であり、彼の活動を文字どおり不惜身命の態度で支持したのがトルコマンの従者たちであった。このグループは、キジルバシュ（赤頭、十二人のイマームを表す一二の房がついた赤い帽子をかぶっていた）と呼ばれ、サファヴィー王朝樹立の立役者であった。

一五〇一年、イスマーイールは、イラン北西部を平定した仕上げとして、白羊朝の首都であったタブリーズに入城した。ここにサファヴィー朝が成立した。シャー（王）となったイスマーイールは、早速新しい王朝の国教として穏健な十二イマーム派シーア主義を定めた。これは、王朝を樹立する過程で、運動推進者たちのイデオロギーであった過激派シーア主義が、王朝運営のために有害であると、判断されたためである。たしかに、神秘主義の教団が強大な王朝へと発展拡大する過程において、熱狂的な支持者たちが指導者を、いわば半神的存在とみなし服従することは、決定的な要因であった。しかし、いったん権力の基盤が据えられると、むしろ必要以上に過激な思想は、害こそあれ益は少ないのである。

このような理由から、シャー・イスマーイールと彼の補佐たちは、十二イマーム派シーア主義を国家統合の原理として採用したのである。この政策を遂行するためにはいくつかの重要な手続きが必要であった。まず、新しい国土には十二イマーム派の学者がほぼ皆無であったため、ジャバル・アーミル（今のシリア）やバフレーンから同派の学者を招聘し、教義の研究ならびに王家の正当性を擁護させた。

一方、イラン国内にはスンナ派を中心とする旧来の宗教学者層が存在したが、新来の十二イマーム派ウラマーとの間に確執が見られた。この確執は、やがて後者の勢力が前者を圧倒していく。この新来のウラマーたちは、統治者と密接な関係を保つことによって、自らの権威を高めたが、同時に支配者の側は、シャーが七代目イマーム（ムーサー・カーゼム）の末裔であるという虚構を打ち出すことによって、支配の正統性を主張したのである。

イランの十二イマーム派化は、すでに記したように、おそらくモンゴル人の支配前後においても

シャー・アッバース

徐々に進行していたと思われるが、サファヴィー王朝による同派の国教化と積極的な布教によって、いまや決定的になった。一六世紀以来、およそ五〇〇年を経過した現在に至るまで、同派はイランの国教の位置を占めているのである。

ところで、十二イマーム派シーア主義は、サファヴィー王朝創設以来国教と認定されたが、同派が大多数のイラン人の間で受容されるまでには、その後約一世紀の年月を要した。王朝の設立以来、サドルという宗教官職を中心に、国家政策として十二イマーム派の布教活動が行なわれ、改宗が進められた。この過程が軌道に乗り、本格化したのがシャー・アッバースの治世（一五七一―一六二九）であった。この時期に国都イスファハーンが十二イマーム派教学研究の中心地として確立し、イラン人自身による研究が盛んに行なわれるようになった。

シャー・アッバースは、自身敬虔な信者であったと言われる。と同時に、西方スンナ派の宗主国オスマン朝との対立という政治的意味合いもあって、自国の支配領域内にあるイマームやその子孫に縁のある聖廟への巡礼（ズィヤーラト）を奨励するなど、積極的な宗教政策を採用した。すなわち、イマームに関係を有する主要な聖地（たとえば、ナジャフ、カルバラー、サーマッラーなど）がオスマン・トルコの支配する現イラク領内にあったため、これらの地への巡礼は容易ではなかった。そこで、国内にあるイマームの廟（八代目イマーム、アリー・レザーの廟、マシュハドにある）や、イマームの末裔と信じられている人々の墓廟（イマーム・ザーデ、特に八代目イマームの妹の廟があるテヘラン南方のコム、等）への巡礼を奨励したのであった。また、国王シャー・アッバース自身が王都からマシュハドまで徒歩で巡礼したという有名なエピソードがある。

このように、サファヴィー王朝期の十二イマーム派シーア主義の発展は、多分に王朝の庇護という要素と結びついていた。王朝の側は、自らの統治の正当性を主張するために、宗教学者ウラマーによる王権の宗教的合理化を必要とした。他方、ウラマーは、王朝の物心両面にわたる援助が、自らの地歩を確実なものにするために不可欠の要素であることを知っていた。両者は相互依存の関係にあったが、基本的には王朝主導型の宗教政策が行なわれていた印象が強い。この点は、後述のカージャール王朝の支配期間と比較してみると明らかである。

もちろん、一般信者の宗教感情が、気紛れな支配者や宗教指導者たちの恣意的な動機に左右されるわけではない。宗教は政治的に利用される反面、一般信者の生きた信仰の息吹が明瞭に現れる民衆宗教的側面も並行して発展する。タアズィーエ（イマーム・フセインの受難劇、本書第五章を参照）をはじめとして、イマームにまつわるさまざまな民間行事が、旧来の民俗的慣習や俗信と渾然一体となって、息を吹き返していた。

バーケル・マジュリスィー

サファヴィー朝末期になって登場したバーケル・マジュリスィー（一六二八―九九）は、スンナ派やスーフィズムを弾圧する一方、さまざまな民間伝承や俗信的要素を十二イマーム派シーア主義に組み入れることによって、民衆に対する影響力を強化したという説もある。しかし、むしろこれとは逆の説の方が妥当であるかもしれない。すなわち、教義的に言って、一般民衆の間ではイマームに対する崇拝がこれまで以上に深化し、定着していたと考えられるが、そこでは旧来より存続していた土着的、俗信的要素が渾然一体としており、これを否定し去ることは、指導的ウラマーや支配王朝の権力をもってしても、もはやできない状況にあったのではなかろうか。

いずれにせよ、サファヴィー朝の成立を契機として、イランと十二イマーム派シーア主義の結びつきが決定的になったことは確実である。一方において、一〇―一一世紀以来続いていた同派教学の発展は、この時代にイラン人自身による自前のものとして推進された。他方、それは知識人だけの机上の空論に終始したのではなく、イマームザーデ崇拝、タアズィーエ〔注〕などの民間信仰や行事を通じて、一般の大多数の信者に至るまで浸透し、根を下ろしていったのである。

このような経緯を経て確立した十二イマーム派シーア主義は、一七二二年のアフガン人の侵入によって、約半世紀の混乱の時代を迎える。しかし、一七七九年に成立したカージャール王朝（—一九二四）によって、同派は改めて国教に認定された。カージャール王朝の支配期間は、十二イマーム派シーア主義の一大隆盛期とみなすことができる。イラン人学者の間でも、一九世紀の初頭以来、同派教学は整備され、発展を遂げたと考えられている。

〔注〕 タアズィーエの語は、本来死者に対する哀悼を意味する。しかしながら、カージャール王朝が支配する一九世紀、ことに同世紀の後半には、モハッラム月最初の一〇日間に劇場（タキーエ）で演じられる受難劇を中心とする、イマーム・フセインおよびその従者たちがカルバラーの野で殉死した事件、ならびにその他イマーム一族の悲運に対する哀悼の儀礼に限定して用いられた。そして、タアズィーエを行なうことを、タアズィーエ・ダーリーという。

これに対して、死者に対する全般的哀悼の表現は、アザー・ダーリーである。タアズィーエもアザー・ダーリーであることは言うまでもないが、特別な機会に特別な人々（すなわち、イマームとその一族）に対して行なわれるアザー・ダーリーとして用いられるようになった。したがって、日常不幸があった場合、普通タアズィーエとは言わない。タアズィーエ・ダーリーは、イスラーム暦一月の一日から一〇日にかけて行なわれるが、アーシューラー（一〇日目）に行なわれるイマーム・フセインの殉教でクライマックスを迎える。タアズィーエの上演は、都市や地方によってさまざまな形態が観察できるが、一般に都市では、タキーエと呼ばれる舞台でイマーム一族の悲史が演じられた。他方、一般信者の間では、街路上の行進が行なわれた。前者がかなり洗練された一種の舞台芸術の様相を呈するのに対して、後者はしばしば奔放な宗教的熱狂が露骨に表現された。しかし、概してモハッラム月のタアズィーエには、程度の差こそあれ、権力者による統制、または、自発的に何らかの規制が加えられた。そこには、何らかの儀礼的性格が観察できる。

たとえば、上演者の登場の仕方や街路での行進において、隊列の組み方、服装などに一定の規則があった。タアズィーエの上演、ならびに行進においては、楽隊、シーネ・ザニー（胸打ち）、サル・ザニー（頭打ち）、ガンメ・ザニー（短刀で頭や体を傷つける行為）、ザンジール・ザニー（束にした鎖で体を打つ）、ノーヘ・ハーニー（哀愁を帯びた泣き声で場面を盛り上げること）、フセインの棺、ハーシム家の旗、アッバースの手、女子供用の駱駝などを必ず伴った。

全体として、モハッラム月の一〇日間に行なわれるタアズィーエ・ダーリーは、いわゆるハレの機会であって、イラン人ムスリムにとって、年に一度の最も重要な「お祭り」の一つである。

ところで、タアズィーエの意義はだいたい次の四つに分類できる。すなわち、(1)「祖形」の再生、(2)救済論、(3)教義の宣伝、教化、(4)欲求のはけ口、である。

(1)「祖形」の再生について言えば、そもそも、年中行事とは繰り返し行なわれるところに意義がある。ことに、その行事が共同体の宗教的伝統の核心にかかわる場合、反復は特別に重要な意義を持つ。十二イマーム派シーア主義の教義の核心部分に三代目イマーム・フセインの凄惨な殉死が据えられることは明らかであり、この事件を忘却することは、共同体存立の基盤を崩すことでもある。したがって、すでに何年来この故事を知る者、また新たにそれを知るようになった若者の間で、イマームとその一族の悲劇を追体験することによって、各信者は共同体の一員として、また宗教的人間としての実存を実感することができたのである。

(2)また、敬慕する信仰の対象を日々の生活の中で実感しながら有意義な生活を送ることとは別に、タアズィーエに参加したり、観覧したりすることには、救済論的意味があった。人々は、行事にさまざまな形で関与することによって、聖なるイマームのバラカ（霊力）の助けを得て、至福の来世を約束された。信者の信仰生活は、ひとえに救済されたいという切なる願望に基づいている（現世利益、後生善処）。熱狂的な路上での行進に際して、失命するようなことがあっても、それは逆にその者の功徳とみなされ、即座に天国へ入ることが許されるという信仰があった。さらに、この行事に参加する者は、アドル（公正、正義）を代表するイマーム・フセインに与して、この世にはびこるズルム（不正）と戦い、究極的にイマームのとりなしを得ることができるのである。

(3)年中行事としてのタアズィーエのいまひとつの重要な意義は、年々歳々イマーム一族の悲史を繰り返し再現し、それに多数の信者が参加することによって、彼らは自然に視聴覚的に十二イマーム派の教義の核心を学習することができた点である。タアズィーエ・ダーリーに際しては、かならずロウゼ・ハーニーといわれる詠唱者がイマーム一族の歴史を感動的な調子で歌い上げ、聴衆の涙を誘った。概して、タアズィーエの詠唱においては平易なペルシャ語が用いられ、一般の人々にも十分理解することができた。また、このようなイマーム一族の歴史の教化は、モハッラム月のみならず、平常の月間においても地区集会の場で行なわれており、民衆レベルでの十二イマーム派シーア主義の教化に大いに力があったと思われる。

(4)タアズィーエ・ダーリーの意義の最後として、変動期社会の人々にとって欲求のはけ口となった点がある。変動する社会では、前時代の社会制度との矛盾対立の結果、人々の行動様式そのものに変化が生じてくる。この社会的変動期の諸矛盾に対応するために、人々は政治参加その他の方法で何らかの解決を見出そうとする。しかし、その社会に解決の装置（たとえば、議会制民主主義のような）が十分に備わっていない場合、人々の欲求不満のはけ口として旧来の慣習が利用される。タアズィーエに不可分にともなう宗教的感情の高揚は、この目的のために格好の手段を提供した。

ウラマーの権威確立――一八世紀末まで

支配の正統性という観点から見て、カージャール王朝の支配の根拠は脆弱であった。たとえば、上記サファヴィー王朝のように、国家創設の初めより宗教政策において先導権を掌握し、ウラマー階層をいわば「子飼」できる立場にはなかったからである。一八―九世紀には、大半のイラン人が十二イマーム派シーア主義を信奉している状況下では、王朝側は、否応なしに統治の正当性を同派の擁護者という肩書きに求めざるを得ない。必然的に十二イマーム派教学の研究・適用に携わるウラマー階層との接触を図ることになる。

ただし、両者の関係は一方的にウラマーが優勢であった、という見解は正しくない。平和的状況のもとでは、両者の間に物心両面にわたる依存関係があった。とはいえ、カージャール朝君主は、支配の正統性の根拠をサファヴィー王朝の君主のように、七代目イマームの末裔であるという虚構に求めることは許されなかった。この意味で、宗教と政治、両勢力の関係は、前者に有利に展開する素地はあった。

このように、事態はそれほど単純であったのではない。この状況のもとで、十二イマーム派の宗教学者が克服しなければならないいくつかの難関があった。その最たるものは、法学的に自らの権威を証明するうえでの方法論の問題であった。

スンナ派イスラーム法学の法源として、旧来四つが認められてきた。コーラン、預言者の伝承、共同体の総意、類推である。コーランは神の言葉そのものとして最高の権威を持つことはいうまでもない。が、それは法学、神学的解釈の大枠にすぎない。断片的にすぎる。現実の具体的問題に法学的解釈を下す際、最も重要な法源は預言者の伝承である。シーア派では、これに加え、預言者ムハンマドから直接代理権を賦与された一二人のイマームの伝承（アフバール）を最重要視する。この伝承集は、すでに述べたとおり、一〇―一一世紀に編纂されたが、現在も十二イマーム派の法解釈において最高の権威を有している。

現実の共同体で発生する法的問題に対応するために、コーランや伝承を用いても十分に対処できない場合は、法解釈者の個人的判断が加えられることになる。この個人的判断は、イジュティハード、イスティフサーン、キヤース、ラーイなど、判断の根拠の精確さに応じて、また用いられる目的に応じた用語がある。シーア派では、恣意的で根拠が薄弱なラーイやキヤースは排除される。他方、信頼度の高い伝承的根拠に基づき理性を行使する法的判断がイジュティハードである。
イジュティハードの行使は、原則としてシーア派で禁止されることはなかった。しかし、一二世紀までは、むしろこれを排除しようとする傾向があった。後に、これの重要性について注意を喚起したのが、前述したモンゴル王朝期に活躍したアッラーマ・ヒッリーであった。これ以後、サファヴィー王朝期においてもその重要性は認識されていたが、時代に反映するほど明白な争点として現れなかった。しかし、一九世紀への変わり目に至り、行使の可否をめぐって、イジュティハードは決定的に重要な法概念であると考えられるようになったのである。

この時期、法解釈の方法をめぐり熾烈な抗争が行なわれた。一方は法解釈に際して、コーランおよび預言者とイマームの伝承の他は一切法源として用いるべきではないとする立場、他はコーランや伝承で十分対処できない新しい問題については、資格を認定された法学者の理性的判断を容認する立場である。前者をアフバーリー派（伝統墨守の一派）、後者をウスーリー派（法学の原則に理性を許容する一派）と呼んだ。

アフバーリー派は、サファヴィー朝期半ば、モッラー・アミーン・アスタラーバーディー（一六二三没）によって確立された。その基本的立場によれば、十二代目イマームの「お隠れ」以前、以後いずれにおいても、信者共同体の法的状況には何ら本質的相違、変化はないと考える。したがって、イマーム不在の時代にあっては、コーランは別格として、最も重要な法源はイマームの伝承だけである。そして、そのような伝承の集大成としてすでに記した四つの伝承のみを容認する（一四四頁参照）。

伝承重視の立場は徹底していた。たとえば、ある伝承の信憑性が不確かであっても、四大伝承集に採録された伝承であれば真正なものとみなした。また、ある行為の妥当性について伝承では判定がなされておらず、その行為自体が疑わしい場合、その行為を行なうことは慎重に控える。さらに、対立する伝承が複数ある場合は、イマームの言行を優先する。それでも判定できない場合は、いずれの伝承にも従わない（タワッコフ）という立場をとった。

この伝承重視の立場は、サファヴィー朝末期以降、一八世紀に入ってからも十二イマーム派の主流となっていた。特に、現在のイラク共和国南部地域で同派の勢力は顕著であった。この地域はアタバートと呼ばれ、シーア派の聖地であり、宗教的学問の中心地であった。初代イマーム・アリー（ナジャフ）や、三代目イマーム・フセイン（カルバラー）の墓廟など、イマームに縁のある地が多く存在する。国境という人為的概念が希薄な時代のことであり、イランからも数多くの優秀な学者、学生が賢者を求めて、またイマームたちの霊力に引きつけられるかのようにアタバートを訪れた。しかし、一八世紀末に、このアタバートで異変が生じつつあった。アフバーリー派に対する反撃がなされたのである。

ベフベハーニーと理性重視の立場の勝利

この反撃の旗手となったのが、ワヒード・ベフベハーニー（一七九二没）であった。シーア派では、イマームの「お隠れ」以後、一〇〇年に一人、時代を変える人物（モジャッデド）が現れると言われている。ベフベハーニーはモジャッデドであり、シーア派学界で優に歴代十傑に入る人物として高く評価されている。

ベフベハーニーは、一七〇五年、エスファハーンの町で生まれた。ナジャフで研鑽して後、イラン南西部のベフベハーンの町に三〇年間滞在した。この地ではアフバーリー派が優勢であり、この期間にこの一派の勢力を削減する活動を行なったことは明らかである。その後、アタバートへ戻り、イマーム・フセイン殉教の地、カルバラーを根拠地として、アフバーリー派に対する戦いを継続した。

反アフバーリー派の書物を著して同派の主張に反駁を加える一方で、分散するウラマーの権威を極力単一の人物に集中し、シーア派全体を統合しようと企てた。そして、この立場に反対するものを異端宣告（タクフィール）することによって、教敵の勢力を削いだ。目的達成のためには、暴力も辞さなかった。精力的な活動の結果、彼が没する一八世紀の末から一九世紀の変わり目には、アフバーリー派の勢力は、ほぼ潰えてしまったという。

ベフベハーニーは、時代を担う弟子の育成にも尽力した。バフル・ウルーム（一七九七没）、カーシェフ・ギター（一八一二没）など、卓越した学者が彼の門下から輩出した。後述するモルタザー・アンサーリー（一八六四没）やその師、サーヘベ・ジャヴァーヘル（一八五〇没）などは、孫弟子にあたる。

それでは以下、敗北したアフバーリー派の立場と後代確立されたウスーリー派の基本的主張を項目別に一覧表にして比較検討を行なうことによって、両者の相違を明らかにしてみよう。

ウスーリー派とアフバーリー派の主張

比　較　項　目	ウスーリー派	アフバーリー派
(1) 理性を法的判断の根拠（ホッジャ）とするか	可	不可
(2) 宗教（法学）の原則	コーラン・預言者イマームの伝承，理性，イジュマー	コーラン，イマームの伝承
(3) 故人のムジュタヒドに従うこと	不可	可
(4) イジュティハードの行使	可	不可
(5) 四大伝承集	加えて法学者の権限を容認	これのみ
(6) 教令の発布，伝承の解釈	ムジュタヒドのみ	イマームのみ
(7) ムジュタヒドの推論（ザン ẓan）に基づく教導	可	不可
(8) 理性的根拠と伝承的根拠に対立がある場合	理性を優先	伝承を優先
(9) 自由な思索（イバーハ）	容認	認めない
(10) 単一伝承	容認	認めない

この表を検討して気づくことは、法解釈に際してどこに究極の根拠を置くかという点で、両者の間に差異が生じている事実である。つまり、伝承か理性かの選択である。しかし、考えてみれば、現実の法解釈において伝承のみに頼ろうと、同じく伝承を用いながらも解釈困難な事態が生じた場合に理性に頼る立場をとろうと、結局、きわめて高い宗教上の知識が要求される。したがって、ウラマーの役割が重要である点では同じである。この点で、一八世紀末にアフバーリー派が勝利していたとしても、いずれウスーリー派の立場に移行したであろうという見解があるほどで

ある。

　この見解の真偽はともかく、ウスーリー・アフバーリー派論争を正しく理解するためには、単に法学・神学上の方法論をめぐる角逐としてのみならず、その背景にウラマーがおかれていた社会・政治的条件をも考慮に入れる必要があろう。すなわち、一八世紀の混乱期を経た後に樹立されたカージャール王朝が弱体で、統治の正統性を欠いていたこと、さらに西洋列強の経済的侵入にともなう社会変動などである。スンナ派が主流の地域に比して「西洋の衝撃」の程度は穏やかであったとはいえ、この時代のイラン社会は、内的外的要因によって不安定な状態にあった。そのため、より確実な指導者が求められていたのである。時代のこの変化が理論的に固められていく過程が、ウスーリー・アフバーリー派論争の一面であった。

　ウスーリー派にとっても、法解釈において理性を用いることの前提として、伝承を体系的かつ精緻に研究することは必須の条件である。とすれば、伝承の重要性を後代に「正しく」伝えるという意味で、アフバーリー派と論争を行なうことは、ウスーリー派にとって決して無駄ではなかったといえよう。こうして、ウスーリー・アフバーリー派論争が終結し、とにもかくにも伝承を偏重する傾向を持つ学者は激減した。その結果、理性的法解釈を信条とするウスーリー派（ムジュタヒド派ともいう）の勝利が決定的となったのである。

　ウスーリー派の勝利は、ムジュタヒドの勝利であった。ムジュタヒドとは、法解釈において独自に理性的判断を下す権能（イジュティハード）を許可された宗教学者のことである。元来、イスラームでは聖職者階級は存在しないから、誰であっても一定の学的水準に達した者は、独自の法解釈に基づき行動することができる。しかし、現実には一般の信者が一定の学的水準に到達することはきわめて困難である。ムジュタヒドになるためには、通常何十年もの年月を要したからである。たとえば、アラビア語、文学、論理学、コーラン解釈学、伝承、聖者伝、法学原理、他の教派の教義など、幅広い知識を必要とした。したがって、一般信者はムスリムとしての宗教的・社会的義務を履行するとき、その行為の模範を提供する宗教学者に助言を求める。これをタクリード（模倣）という。

シーア派の教義によると、すべての信者はかならず少なくとも一人の模範の対象を持たなければならない。この模範（模倣）の対象（源）をマルジャイ・タクリードという。マルジャイ・タクリードは生きたムジュタヒドであって、故人であってはならない。信者と宗教学者のこの関係は、ウスーリー派の勝利によって一層強化された。

ベフベハーニーの没後、一九世紀も半ばに近づくころ、ウラマー階層全体を最も学識のある単一のマルジャイ・タクリードのもとに統合しようという動きがあった。その結果、初代の単一のマルジャイ・タクリードとなったのがサーへベ・ジャヴァーヘル、そしてその後を受けたのがシャイフ・モルタザー・アンサーリーであった。特にアンサーリーは「法学者の封印」とさえ言われ、十二イマーム派シーア主義教学に、永久に消すことのできない足跡を残した人であった。

アンサーリーの業績

アンサーリーに課せられた任務は、ベフベハーニーの奮闘によって基盤が据えられたウラマーの権威を理論的に確実なものにすることであった。イマームが「お隠れ」の状態にある信者共同体においては、ウラマー、特に法学者の果たす宗教・社会的役割は、いわば暗黙の了解事項であった。それでは、この「了解事項」の理論的根拠をどこに求めるべきか。

アンサーリー

ムスリムにとって、究極の信仰の対象はアッラーである。この点は何人にも異論はない。神の意思を啓示という形で人間に知らせる格別の任務を負っているのが預言者であり、特にムハンマドの役割の重要性について、これにも異論の余地はない。さらに、十二イマーム派シーア主義では、ムハンマドから直接後継者としての承認（ナッス）を得たイマームの権威を教義の核心とするが、ここでも異論はない。十二イマーム派シーア主義の信者にとって、預言者とイマームは、神の意思を信者に伝達し、それを実行する代理権（ウィラーヤ）を保持している。コーラン、伝承、共同体の意見の一致、理性、これらの四つの法源は、一様に彼らが十全なる神の代理権を保有していることを証明している。

預言者とイマームは、信者のあらゆる活動に対して絶対的な権威を持つ。すなわち、信者の生命、財産を自由に処分する権限を保有しているのである。そこで問題になるのは、両者共に不在である現実の共同体における代理権は、法学者（ファキーフ）に属するのかどうかという点である。

結論からいうと、アンサーリーは、法学者にはイマームが保有するような絶対権は認められないとする。したがって、法学者は条件付きで、つまり限定された範囲内でのみ、イマームの代理権を行使する権限を持つと考えた。この代理権を行使するためには認可が必要である。その認可を与える根拠が四つの法源であり、なかんずくイマームの伝承であった。法学者がイマームの代理権を保有するかどうかは、イマームの認可にかかっている。そして、この認可がなされる究極的判断の基準は、共同体全体の福利（マサーリフ・アーマ）である。では、共同体の福利はどのように実現するのか。それは定められた礼拝の実施、刑の適用（ホドゥード）、能力を持たない信者の財の管理、統制、公正な徴税などを通じて実現する。当然のことながら、福利を実現させる能力のない者には、これらの権限が与えられることはない。

アンサーリーは、イマームが不在の時代において、法学者はイマームの認可を得て、これらの権限を行使できると考えた。これを証明するために、預言者の伝承以外に最重要視されるのが、(1)ウマル・b・ハンザラの伝承、(2)アブー・ハディージャの伝承、(3)十二代目イマームの布告、である。なかでも、ウマル・b・ハンザラの伝承は、法学者の代理権を証明する最も広範に受け入れられた(マクブール)伝承として、あまりにも有名である。その伝承は次のようなものである。

ウマル・b・ハンザラによると、われわれの仲間(つまりシーア派信者)二人の間で、貸借あるいは遺産をめぐって係争が生じ、その審判を法官に求めていた。私(ウマル・b・ハンザラ)は、(六代目)イマーム・サーデク様に尋ねた。

「これは合法的なことですか」。すると、イマーム様はお答えになった。

「正しい訴訟であれ、不正な訴訟であれ、彼らに訴えるものは誰であっても、まさしくタークート、すなわち不正な統治者に訴えたのである。彼らの判定として獲得されたすべての事項は、絶対に禁じられた方法で獲得されたのである。たとい、獲得された判定が正しかったとしてもである。なぜなら、タークートの命令、または意見によって、そしてその権力によって手に入れたからである。神はそのものに対して異教徒であると宣告しておられる。至高の神は、『彼らは承認するように命じられた時、タークートの支配を求めることを望んだ』と言っておられる。」

私は尋ねた。「それでは、どのようにすればよいのでしょうか。」

(イマーム様は)お答えになった。「お前たちの中でわれわれの伝承を語り、何が許されることであり、また何が禁じられているかを調査し、自分自身の意見を持っており我々の命令や法について知っているのは誰であるのか、見てみなさい。その者を法官(カーズィー)または仲裁者として受け入れなさい。なぜなら、私はその者をお前たちの差配人として定めたからである。」

アンサーリーによれば、この伝承を精査すると、イスラーム法の判定に関して宗教学者が果たす役割が明らかになるという。しかしながら、宗教学者（特に法学者）は、預言者やイマームとは異なり、人々が一般に財産の取り扱いについて保有している以上のものを格別に保証されているわけではない。たとえば、ザカートやホムス（五分の一税）などの宗教税の支払いに関しても、ある法学者がこれを要求しても、人々がこれに従わなければならないという義務をこの伝承から証明することはできない。ただ、イスラーム法では、ザカートやホムスを支払う義務はすでに証明済みの事項である。したがって、納税の義務は、タクリードによって法学者の判定に従うか、あるいは熟慮したうえで自らの判断で法学者に従うことに決めた人に適用される。

このように、アンサーリーは、共同体に福利をもたらす諸々の義務の遂行は、必要とあらば法学者が監督することを容認している。しかし、彼は法学者が信者共同体のあらゆる領域でイマームの代理権を行使できるとは決して言っていない。先述の例で言えば、法学者は預言者の権限（税の徴収と分配に関する絶対的な権限）を持っていないと考えた。

以上から、法学者がイマームの代理権を行使できるか否かという問題に関するアンサーリーの立場は、きわめて慎重かつ穏健であったと言わなくてはならない。彼は法学の一般原則（ウスール・フィクフ）の適用範囲を拡大し、堅固な合理的基盤に立脚して法学を再構築したと言われる。特に、単一伝承（ワーヒド）であっても、その内容に合理性が認められれば、それを採用した。その方法は非常に洗練され、堅実であったため、それ以前に存在したすべての法学の方法を凌駕したという。したがって、彼の確立した方法論は、現在に至るまでシーア派の学術研究で支配的な位置を占めているのである。

たしかにアンサーリーの立場は慎重かつ穏健ではあったが、一九世紀初頭から明瞭になった宗教学者層の社会的地位を理論的に補完する役割を果たした。つまり、金曜礼拝の指導などいくつかの宗教問題への対応について、限定された領域ではあっても、法学者にイマームの代理権を行使できることを、伝承に基づき手堅く証明したのである。このことは、次世代の法学者のために代理権の適用範囲を一層拡大して解釈する方向への道を拓くものであった。この点で、ある研究者は、アンサーリーによる法学理論の基礎を据えるための方法上の発展がなければ、カージャール朝期の法学者たちは、信者共同体の社会・財政的統制権を拡大することができなかったであろうと述べている。

アンサーリーの没後、一九世紀末、二〇世紀に入ってから、宗教学者（ウラマー）の社会・政治的影響力はますます強化されていく。これとは対照的に、アンサーリー自身は、生前政治的には著しく穏健な態度に終始した。なぜか。

その理由として、何よりも彼の慎重な性格が挙げられる。法解釈における厳密さである。これは世俗権力者との関係にも適用された。一九世紀のイランを支配していたカージャール王朝は、支配の正統性という点では根拠が薄弱であったとはいえ、とにもかくにも十二イマーム派シーア主義を標榜する国家であった。この王朝が極端な不正（ズルム）を犯さないのであれば、また一般の信者の福利のために何らかの役割を果たすのであれば、あえてこれに敵対する理由はない。世俗権力の行使によって服従を強制し、治安や社会の秩序をある程度維持できる限りにおいて、現実に統治するシーア派の支配者の存在を容認する。また、アンサーリーは、スルタン（世俗的支配者）は特殊な領域の問題を処理するために人物（差配人、ハーキム）を任命できると考えていた。

つまり、法学者は、共同体の福利の実現という目的を成就するために必要が生じた場合、イマームの代理権を条件付きで行使できるという考えがある一方で、この権限が法学者だけに限定されなければならない証拠はないので、その一端をシーア派を標榜する世俗権力者に担わせるという考え方であった。

確実な法学的方法に基づき、限定的であるとはいえ、法学者がイマームの代理権を行使できることが証明されると、この理論は一人歩きをはじめ、さらに拡大解釈がなされた。特に、世俗権力の施策に公正（アドル）を欠くと信者たちが感じた場合に、強大な社会・政治運動へと導く思想につながる。

つまり、限定された法学者の代理権は、やがて「包括的代理権」の主張へと変化し始める。伝承を「理性」を用いて「合理的」に解釈することが方法として確立すると、代理権の意味はさらに広範囲に適用されることになった。法学者の社会・政治的影響力が増大するにつれて、これを裏打ちするようにイマームの代理権をこれまで以上に行使できるという主張が前面に押し出されたのである。この結果、法学者は、信者共同体のあらゆる問題に対して「隠れイマーム」の代理権を主張するようになる。その極点とも言えるのが一九七九年のイスラーム共和革命であるが、それに至る過程でウラマーの社会・政治的権威が増大したことを如実に示す事件がタバコ・ボイコット運動と立憲革命であった。

タバコ・ボイコット運動と立憲革命

タバコ・ボイコット運動とは、一八九〇年、イラン国王ナーセロッディーン・シャー(一八四八―九六年統治)が国内産タバコの生産、製造、販売に関するすべての権益を一人の英国人に譲渡したことに端を発している。この事件の意義は、当時のイランの国内的、国際的条件を考慮に入れて初めて明らかになる。イランを支配していたカージャール王朝は、中央集権国家とは程遠く、地方は有力知事によって分断され、他方、各地の遊牧部族は、略奪を行ない、ことあるごとに中央政府から離反する傾向にあった。地方からの税収は円滑に行なわれず、絶えず国庫は窮乏状態にあった。それにもかかわらず、国王は外国旅行を好み、欲望を満足させる資金を獲得する手段として、外国への利権譲渡を常策とした。さらに、中東における英国とロシアの対立は熾烈であり、イランにおいても両国による政府高官への働きかけが盛んに行なわれていた。

上記のタバコ利権は、この時代背景のもとで理解する必要がある。支払われた利権料は湯水のごとく浪費され、しかも新たに設置されたタバコ会社の従業員として、多数のヨーロッパ人がイラン国内に入ってきた。以上のことは、ますますカージャール王朝に対する人々の不信と不満を増大させた。同時に、異教徒のキリスト教徒がイスラーム教徒の国に進出することは、イラン国民を苛立たせた。

彼らの不満は発火点に達していたのである。

この民衆の不満の代弁者は、直接経済的打撃を蒙ったタバコ商人と彼らと結託したウラマーであった。ウラマーと商人の結びつきは、後者が宗教学者に多額の宗教税（ホムス）を納めたり、寄進を行なうなどして、ウラマーを経済的に支える一方、ウラマーは日常的宗教活動の助言を与えたり、商業手続きに必要な契約書の裏書きを行なうなど、互恵的であり、緊密なものであった。

しかし、彼らがテヘランやタブリーズ、シーラーズなど、都市単位で反利権運動を展開している限り、たいした政治運動とはならなかった。統合が必要であった。この役割を果たしたのが、イラクのサーマッラーに居住していた当代随一の学者（マルジャイ・タクリード）シーラーズィーであった。彼はイラン本土からの要請に応えて、西洋人（＝異教徒）の製造したタバコの喫煙を禁止する教令（ファトワー）を発布したのである。その内容は、教令に反してタバコを吸う者は、「隠れイマーム」に敵対する者であるというものであった。教令の効力は絶大で、老若男女を問わず、王の後宮の婦人に至るまで、徹底してこれに従ったと言われている。

事態の深刻さに気づいたタバコ会社は、ついに利権の実施を断念した。その結果、イランは利権の廃止にともなう多額の損害賠償金を支払うことになった。しかし、宗教学者に指導されたこの民衆運動は、専制王朝の恣意に歯止めをかけ、外国人の経済的侵略を挫折させることに一時的ではあれ成功したのであった。

この事件の後、イランは、英国、ロシア両国に金融的に従属することになる。特に、賠償金弁済の条件として、外国人（ベルギー人）に関税行政を委ねたことは、新たに深刻な問題を生み出した。彼らの関税統制は、効率的であり厳格であったため、関税収入は増大した。しかし、このことがかえってイラン商人の負担となり、不満の種となった。二〇世紀に入るころには、商人たちの不満はいたる所で見られた。特に、首都テヘランでは、知事の圧制、国王の奢侈、物価の上昇など、革命前夜の様相を呈していた。

一九〇五年、テヘラン知事が、砂糖を退蔵したことを理由に、一砂糖商人を鞭刑に処した。これが直接の契機となって、立憲革命の火蓋が切られた。この商人は老人であり、しかも預言者ムハンマドの末裔と信じられている高貴な家系に属するものであったため、人々は一層義憤をかきたてられた。運動は首都を中心に広範な反政府運動へと展開し、やがて、イラン史上初めて憲法を獲得することに成功した。

ヌーリー

この運動を効果的に進展させ、憲法獲得という目的を成就させたのは、またもウラマーの民衆指導力であった。テヘランで最も有力であった三人のムジュタヒド、ベフベハーニー（先述の人物とは別人）、タバータバーイーおよびヌーリーが、結託して

8代目イマーム，アリー・レザーの妹，ファーティマの廟（テヘラン南部，コム）

民衆の指導にあたったことは、革命運動の成功にとって決定的要因であった。このほか、人々に革命の理念を平易な言葉を用いて解説し、先導を行なった説教僧の役割を無視することはできない。彼らは、モスクや街角、集会所その他の場所で説教を行ない、カージャール朝の圧制を批判した。

ウラマーの指導は奏効した。やがて革命運動は、全市を挙げてのゼネストにまで発展し、ついに政府は人々の要求を認め、憲法認可の詔勅が下った。一九〇六年、八月五日のことである。

憲法認可の勅令発布後、革命運動は徐々に分裂を始める。中でも、ウラマーの間に意見の対立が生じ、憲法の概念の解釈をめぐって論争が生じたことは、運動の完遂にとって致命的であった。タブリーズやラシュトなどイラン北部の都市では、市民軍によって運動が継続されたが、英国、ロシアの干渉などがあって、結局、立憲革命は中途で挫折してしまった。

しかしながら、不満を持つ民衆を統合する能力、目前の目標を達成する際に発揮されるウラマーの政治力は、再び実証されたのである。

立憲革命が頓挫してから、第一次世界大戦が終了するまでの時期は、イランが列強の力の前に存在をまったく無視された期間であった。ただ、二〇年代に入り、レザー・シャー（一九二五―四一在位）が登場すると、イランを民族主義的で近代的な国家へ変貌させることが企てられた。彼の支配期が真の意味で近代化に着手された時代といってよい。この人物は無学で粗野な軍人ではあったが、国民的人気を背景に果敢な近代化政策を断行した。他方、宗教勢力に対しては、これを押さえつける政策をとったため、ウラマーは表立った活動ができない状況が生まれた。この宗教勢力にとっては逆境の時代に、宗教都市コムを中心として、ウラマーの組織化を企てたのがハーエリーであった。

ハーエリー

ウラマーの組織化と宗教都市コム

一九一八年、バーフェキーという人物が、イラクのナジャフからコムへやってきた。コムに宗教学院を再建するためであった。この人物はなかなか気骨のある人物で、レザー・シャーに大胆に歯向かった数少ないウラマーの一人であった。学院の再建には、学識ならびに組織者として有能な人物を必要とした。協議の末、アラーク（イラン西部の都市）に住んでいた一人のムジュタヒドの招聘を決定した。この人物が、現在イランで最高の権威を持つ宗教学院、ホウズィエ・イルミエの再興者、アブドル・カリーム・ハーエリー（一八五九―一九三六）であった。

ハーエリーは、一八五九年、ヤズド近郊のメフルジェルドという村に生まれた。長じてシーア派の学問の中心地イラクにあるアタバートへ赴き、学問を深めた。彼の師の中には、タバコ・ボイコット運動のシーラーズィーや立憲革命の指導者の一人ヌーリーなどがいた。やがて、彼はアラークの住民の求めに応じて、その地で学院を開設し、人々の教化にあたっていたのである。ハーエリーは、コム定住に先立って、一九二一年、この地に巡礼を行なうが、この機会に彼を学院の再建者として要請する機運が高まった。その結果、彼はコム定住を決意した。やがて、彼の知人、友人、従者およびその家族などが続々とコムにやってきた。

こうして基礎が築かれた学院において、ハーエリーは、積極的に弟子の養成を行なうが、彼の政治的立場はきわめて穏健であった。彼が意識的に政治的無関心を装ったのか、あるいはまったく関心がなかったのか明らかではない。ただ、彼の政治への不干渉は、いくつかの重大な結果をもたらした。消極的な面として、間接的にレザー・シャーの支配を支持する結果となり、ウラマーに対する苛酷な政策の実施を容易にした。

他方、積極的な側面としては、十二イマーム派研究の中心が、これまで国外（イラク）にあったのが、イラン国内に移されたことが挙げられる。シーア主義研究の中心地がイラン国外にあることは、イラン政府の直接干渉を許さず、ウラマーが独自の立場を維持できるという利点があった。しかし、地理的懸隔は、同時に多くの不都合をもたらした。まず交通が不便であること、さらに、イラクはオスマン・トルコ領内にあり、イラン・トルコ間の移動が国際問題ともなりかねなかった。さらに、何より、イラン国内で実質的な数の優秀なウラマーを確保することを妨げていた。

ハーエリーがコムに学院を設立した結果、多くの未来を背負う優秀なウラマーが育成された。彼の弟子の中に、ホメイニー師、シャリアトマダーリー師、ターレカーニー師などが名を連ねていた。

ホメイニー

今日、ハーエリーに関する記録は彼の弟子によるものがほとんどで、彼の業績に対して賛辞の限りを尽くしている。しかし、誇張された部分を差し引いても、彼の業績は特筆に値する。政治的に穏健なハーエリーの弟子の中から「過激な」イスラーム共和革命の指導者たちが生まれたのは、歴史の皮肉である。しかし、ここに、コムが後代革命運動の要となり、イラン国内で最高の権威を持つ学府となる基礎ができあがったのである。

イスラーム共和革命

一九七八年、コムにおけるデモを契機として、イスラーム革命は本格化した。そして、翌年、パフラヴィー王朝（一九二四―七九）を転覆させたのである。革命前夜、国王ムハンマド・レザー（レザー・シャーの子、一九四一―七九在位）のアメリカに偏向した散漫な経済政策、石油収入への安易な依存、さらに、国内の反政府勢力に対する悪名高い秘密警察組織（SAVAK）を用いた弾圧などが、イラン国民の間に王朝に対する反感を鬱積させていた。

このころ、反政府運動の精神的シンボルと崇められていたホメイニー師は、一九六四年（一一月四日）以来国外居住を強いられていた。しかし、彼は滞在先のイラクから激しい反政府宣伝を繰り広げていた。上述のコムのデモは、日一日と人気が低下する王朝が、ホメイニー師を愚弄する政府見解を発表したことに直接の原因があった。デモの群衆に対して、政府は強硬に弾圧を行ない、死傷者を出した。革命運動はもはやとどまるところを知らなかった。

この革命の特徴は、やはりウラマー主導の民衆運動というパターンを踏襲している点である。しかも、このたびは、ウラマー（特に法学者、ファキーフ）が直接政権を担当するという、イランのみならず、世界史上例を見ない画期的な事件であった。既述のとおり、イスラームにおいては、すべての権威、権力の源泉はアッラーのみであって、これに対置するいかなる権威、権力も認めない。さらに、十二イマーム派シーア主義では、共同体の真の支配者は「隠れイマーム」であり、現世の支配者は、原則的にイマームの権力の簒奪者とみなされる。

この点に関しては、すでにアンサーリーについての解説で論じたように、すでに、一九世紀の半ばごろに、ウラマー（特に法学者）がイマームの代理権を持つことの理論的証明がなされていた。ホメイニーはこれをさらに一歩進めたのである。ホメイニーは、一九六四年にイラン国外に追放されてから、約一五年の長きにわたってイラクのナジャフ（イマーム・アリーの廟がある）で、パフラヴィー王朝を痛烈に批判し続けた。

ホメイニーの政治思想が最も明瞭に盛り込まれたものに『イスラーム政府（*hokūmat-e Islāmī*）』がある。その中で、彼はまず、イスラームを真理と公正に身を捧げる戦闘的な人々の宗教であり、自由と独立を願い、帝国主義と戦う人々の宗教と規定する。そして、その最大の敵は、ユダヤ人と帝国主義者（アメリカを中心とする）であるという。ムハンマドの没後、信者共同体の無政府状態は好ましくないので、神は政府の樹立を定め給うた。しかし、ウマイヤ朝やアッバース王朝的支配は、反イスラーム的である。非イスラーム的秩序は、公正な秩序をもたらさないので異教的（クフル）である。その支配者は偶像崇拝者（ターグーティー）であって、多神教的（シルク）である。このような支配者の統治は、打破されなければならない。

つまり、帝国主義とその操り人形（パフラヴィー王朝＝国王）から人々を解放し、分割された信者共同体を統合するために、公正な政府を樹立することが必要である。現実の社会は抑圧者と被抑圧者に分類され、前者が後者を支配している。この状況から脱却するための任務を帯びているのが、イスラームの学者（ウラマー、とりわけ法学者）である。そして、彼らによって統治される政治体制が「イスラーム政府」である。

イスラーム政府は、現存するいかなる政府の形態とも一致しない。しかし、この政府は従来の意味とは異なるが、コーランと預言者の伝承に定められた条件に統治者が従うという意味で「立憲的」である。この政府の統治者となるためには、全般的な知性と行政能力のほかに、法（イスラーム法）に関する知識と公正の徳を持つことが条件となる。したがって、これらの資格を備えた真の統治者は、法学者（ファキーフ）でなくてはならない。共同体の福利を向上させるために、社会、政治、経済的機能（霊的機能ではない。これは、預言者、イマーム〔のみ〕を果たすことに関しては、法学者もイマームも差異はない。彼らは等しく軍隊を動員し、知事や官吏を任命し、税を課し、イスラーム教徒の福利を促進させるために働くからである。

法学者がこのような任務を帯びることは、決して何らかの特権でも特別な地位を獲得したのでもない。これは、法を施行し、公正というイスラームの秩序を樹立するための手段にすぎない。なぜなら、信者にとっての目的とは、公正を樹立し、不正を廃棄することに尽きるからである。

この理想を実現するために、法学者の果たす責任は大きい。にもかかわらず、これまで彼らの果たす役割は、単に共同体の宗教的儀礼に限定されるべきである、という誤った見解が流布してきた。そうではなく、法学者は至高の預言者の委託人であり、イマームが「お隠れ」になった期間、イスラーム教徒の指導者である。しかも、彼らは、神の存在と宗教の真正性の「証明（ホッジャ）」である。ちょうど預言者が神の「証明」であるように、法学者はイマームの「証明」なのである。以上がホメイニー師の主張の大筋である。そこには、一九世紀半ばに構築された法学者によるイマームの代理権行使の理論が、タバコ・ボイコット運動、立憲革命を経て、「法学者の代理統治権（ヴェラーヤテ・ファキーフ）」論へと発展した過程を読み取ることができる。ただし、この法学者の統治は、イマームの代理統治であって、あくまでイマーム不在中の便宜的な手段にすぎない点に注意する必要がある。シーア派において、イマームの権威は、いついかなる場合にも究極のものなのである。

監訳者あとがき

筆者は、UCLAに留学中、原著者グルーネバウムと間接的にかかわりを持った。すなわち、同大学にあるグルーネバウム近東研究センター（The Gustav E. von Grunebaum Center for Near Eastern Studies）の主催する催しに参加したり、同センターに所属する教授から直接教えを受けた。『イスラームの祭り』に関しては、筆者の関心の中心がシーア派や、聖者崇拝にあったため、本書の四章、五章は何度も繰り返して読んだ経緯がある。このたび、同書の「あとがき」を書くことについて、言い難い縁を感じている。

ただ、本書の著者については、碩学ボズワースによる「序」が付されているので、これを補足する形で、著者の人と学風などについて、また本書の特徴について、筆者の問題意識と絡めながら記述していきたい。

学者としてのグルーネバウムは、旧学派に属する。いわゆる、オリエンタリストであった。彼はギリシア語、ラテン語のみならず、アラビア語、ペルシア語、トルコ語、および他の中東の言語と文化に通じていた。彼はこれらを、ウィーンならびにベルリン、両大学で習得した。「序」にもあるように、グルーネバウムの該博な知識は、逆に彼の著作を相当に読みづらいものとした。E・サイードは、一時一世を風靡した『オリエンタリズム』の中で、次のように酷評している。
彼の文体は、しばしばオーストリア・ドイツ的博識の混沌ともいえる特徴を持っている。さらに、フランス、イギリス、イタリアのオリエンタリズムの教条的似非科学的偏見を吸収しているため、公平な学者および観察者であろうとするほとんど絶望的な努力とあいまって、その文体は、ほぼ判読不能なものである。（E. W. Said, *Orientalism*, p. 296）
サイードの評価はともかく、グルーネバウムの文体は決して読みやすいものではなく、訳出に際して、さまざまな困難が生じた。ともあれ、彼の学風は、たとえば、イスラーム都市論についてみると、ギリシアや西欧中世の都市が、市民身分による自治によって政治的に統合された場であるのに対し、イスラーム都市は、多様な人間が政治的にではなく、宗教的理念によって統合された場であるとした。彼の議論は、伝統的オリエンタリストのイスラーム都市論に関する見解の寄せ集めと評されるが、これによって都市を統合する理念として、「都市文明としてのイスラーム」を提示し、これにモスクや市場などの景観によって具象化して、イスラーム都市というモデルを作り上げたとされる。このような立場は、全体論（holism）の悪弊の典型とされる。
グルーネバウムの処女作であるアラビア語に関する書物は、一九三七年、ドイツで出版された。それから一年後、彼は故郷のウィーンを去り、ニューヨークにあるアジア研究所（The Asia Institute）に教授として招かれた。そして、一九五七年にＵＣＬＡに来るまでは、シカゴ大学で教鞭をとることになる。

彼の妻（Giselle von Grunebaum）によれば、夫の手になる多数の業績の中で、最も高い学問的価値を有するのは、*Medieval Islam : A Study in Cultural Orientation* であるという。これは、文明の本質を把握する試みを行なったエッセイ集である。彼の大半の研究に見られるように、グルーネバウムは、本研究においても、現存、既存の諸文化について、それらを分類・比較することを試み、それを学問的原則として打ちたてようと多面的な接近を試みている。

このような研究が彼の広範にわたる言語、文学、哲学、古典文明ならびに社会科学の知識に基づくものであることはいうまでもない。彼はこのような該博な知識を基にして、イスラーム社会のさまざまな要素を解明し、西洋古典世界、中世ビザンチン、さらにヨーロッパ、現代西欧との比較検討に努めたのである。この手法に対する批判の一部はすでに紹介したとおりである。

グルーネバウムは、死の直前まで、「人間の想像力」の機能について関心を抱いており、これを究明する研究機関の必要性を感じていた。この目的のために、彼はヨーロッパや合衆国のさまざまな学会（たとえば、生物学、心理学、人類学など）との関係を維持することに努力した。後に近東センターの理事を務めるようになってからも、彼は研究活動に励んだ。その研究生活の凄まじさに、夫人も健康を案じるほどであったという。

グルーネバウムは、組織者としての資質を評価されて、UCLAに近東研究センターを設立するために招かれた。学部長のポール・ドッド（Paul Dodd）は、当時グルーネバウムのいたシカゴへわざわざ赴いて、彼を理事とする近東センターを西海岸に設立する可能性について協議した。

グルーネバウムは、古典学と近代的な学問を一つの研究所に統合する可能性についての提案に、とりわけ心を動かされた。さらに、ロサンジェルスへ来る決意をした別の理由として、彼がシカゴの町を愛さなかったことを挙げることができる。

いずれにしても、この重大な決意によって、近東研究センターの第一歩が踏み出された。一九九七年に設立四〇周年を迎えた同センターは、人文科学、社会科学、メディア都市計画、ビジネス、法律、医学、ならびに中東理解に不可欠なあらゆる言語に関する教育、研究を統合、統一する事業を行なっている。

次に、『イスラームの祭り（*Muhammadan Festivals*）』について述べたい。ここでは、筆者の最も関心がある箇所について、重点をおきながら記述したい。筆者は、シーア派（特に、イランの十二イマーム派シーア主義）について勉強してきた。その過程で終始頭を離れないのは、宗教を単なる制度（教義、法律、組織、建造物、など）としてではなく、それと直接かかわる信者の内面の問題である。グルーネバウムは、イスラームの「五柱（信仰告白、礼拝、断食、喜捨、巡礼）」の中で、特に、礼拝、巡礼、断食について詳述しているが、その背後に信者の宗教体験に対する強い関心があるように思う。重要な点は、個々の信者の宗教体験と同時に、それが信者共同体全体の宗教体験とどのようにかかわっているかということである。アトミスティックな個人的宗教のみならず、社会的宗教という側面である。たとえば、

巡礼者の宗教体験は、実際はどのような性質のものだろうか。複雑な儀式に、巡礼者はどのよう

な精神的充足感を見出すのだろうか。当然、基本的義務の完遂と、永遠の幸福を達成するための意義深い前進を遂げた、という意識がある。しかしハッジュのそれぞれの段階で、参加する人の感情面の反応は異なるはずである。興奮の極みに達する数々の集団儀式の間、巡礼者は強い一体感と、彼らの宗教が持つ力と偉大さと、彼らが情熱的な服従心をもって応答する神の尊厳さに捉えられる。(本書五八頁参照)

このような見方に対してさまざまな批判は可能であろうが、筆者は宗教理解の根底になければならない基本的な認識であると思う。著者の方法論に関しては、すでに述べたように、イスラームをめぐる多様な宗教現象の意味づけに際し、現実の慣行に加え、文献による手堅い考証の裏付けがある点を特徴とする。

本書の中で、筆者の興味を引くのは、四章と五章である。とりわけ、五章は短編ではあるが、これまでしばしば参考にしてきた。タアズィーエの章を付したのは、キリスト教的救済に対するヨーロッパ人の関心を考慮したためであると同時に、個々の信者の内面的宗教体験を考察するという著者の関心の所在を説明しやすいからであろう。この点では、比較宗教学的視点が格別に重要であると思う。キリスト教との比較はいうまでもなく、古代宗教との類似点、共通点を見出し、それの解釈を行なっている。さらに、宗教的伝統の連続性に関する指摘も重要である。たとえば、葬儀を再現して聖者を記念する儀式は、イスラーム世界で他に例がなく、イスラーム以前の儀式と一体化したものであることが指摘されている。行列の構成と、用いられた象徴の細部の多くは、アドーニス（タンムズ）の祭りの儀式と、全般的に共通点を持つことが確証づけられている。夏が近づいたときにアドーニス神が非業の死を遂げたことは、無慈悲な太陽の焼けつく日差しのもとで、自然の生産力が低下することを象徴しているが、その死に続けて七日間の服喪が行なわれ、その後、遺体は洗浄され、油を塗られ、経帷子に包まれて、葬列によって国外に運ばれ、ようやく埋葬された。フセインの祭りが初めて行なわれたのはペルシアではない。我々の知る限りでは最初のムハッラム月一〇日の行列は、九六二年にメソポタミアで「悲嘆にくれて涙ながらに粛々と」行なわれた。つまり、アドーニスの伝承がさまざまに姿を変えて、間歇的ながら依然として何らかの生命力を持ち得たメソポタミアで、二世紀以上もたってからフセインの祭りが起こったのである。（本書一一八頁参照）

このシーア派の受難劇については、翻訳本文の付録として、「シーア派小史――誕生からイラン・イスラーム共和革命まで」の中で、解説者の分析が少し述べてあるので参照されたい。（本書一五三―一五五頁）

なお、本書の原題は、*Muhammadan Festivals* であるが、訳題は『イスラームの祭り』とした。なぜなら、Muhammadan という言葉に問題があるからである。イスラーム教徒にとって、礼拝の対象はアッラーのみであって、ムハンマドではありえない。この意味で、Muhammadan（Muhammadanism、マホメット教）なる語は不快なものでしかない。ムハンマドの位置づけに関して、グルーネバウムは、第四章で詳述している。

確かに信者たちは、ムハンマドを聖者、あるいはそれ以上の人と考え、また、そのように受け容れてきた。しかし、正統派神学では、例えば最後の審判における彼の仲裁機能すら容認してきたとしても、彼はあくまで崇拝の対象たりえないのである。

総じて、本書は未決の問題を含むものの、イスラーム教徒の信仰の実際について、興味深い情報を多く提供してくれる。本書を批判的に読み、活用することによって、読者のイスラームについての理解と関心が、増幅することを期待する。

本書の出版に際して、恩師井本英一先生から多大なご助力を賜った。また、数々のご助言と激励を頂戴したが、十分に反映できたか、はなはだ心もとない。末筆ではありますが、衷心より感謝申し上げると共に、ますます健やかにあられ、ご研究が進展いたしますようお祈り申し上げる。さらに、法政大学出版局の秋田公士氏には、貴重な助言を多々頂いた。翻訳者の無理なお願いを快く聞き入れていただき、謝意を表したいと思う。

が A. Chodzko, *Théatre persan,* Paris, 1878 に見られる).

(1) ‘Alî Asghar b. ‘Alî Akbar（19世紀前半）による ‘*Aqâid ash-Shîa* (E. G. Browne, *A Literary History of Persia.* Vol. IV. Modern Times, Cambridge : Cambridge University Press, 1930, pp. 395 & 394 に引用されている).

(2) Browne, 前掲書, p. 175.

(3) Strothmann, *EI,* IV, 712.

(4) B. D. Eerdmans, *Zeitschrift für Assyriologie,* IX（1894), 283–86 に, J. Morier が 1816 年にテヘランで目撃したような儀式が記されている.

(5) Browne, 前掲書, p. 180.

(6) 詳細については Eerdmans 上記引用書中の pp. 289–302参照.

(7) W. R. Smith, 前掲書, p. 412.

(8) Lane, 前掲書, pp. 392–99 参照.

(9) Strothmann, *EI,* IV, 711.

(10) *EI,* IV, 712, from Chodzko, 前掲書, pp. 5–6.

(11) Pelly, 前掲書, II, 100–101 ; 335–48より.

(2) Hujwîrî, pp. 212-13.

(3) Nasafî（1142没）‘*Aqîda,* trans. E. E. Elder, *A Commentary on the Creed of Islam...,* New York : Columbia University Press, 1950, pp. 138-39.

(4) *EI,* IV, 1109（Carra de Vaux）および Munâwî, *al-Kawâkib ad-durriyya,* vol. I, Cairo, 1357/1938, pp. 11-13には20種類の奇蹟が列挙されているので参照.

(5) Nicholson, *Studies,* p. 67 と p. 55. 彼以前の聖者について同じ物語が Sahl at Tustarî（896没）によって語られている.

(6) Carra de Vaux, *EI,* IV, 1110.

(7) *Travels,* pp. 114-15.

(8) Ibn Khallikân, *Biographical Dictionary,* trans. Mc-Guckin de Slane, Paris, 1843-71, II, 539-40.

(9) Ibn Taimiyya, *Kitâb majmû‘a fatâwî,* Cairo, 1326-9/1908-11, I, 312.

(10) 彼の *Husn al-maqsid fi ‘amal al-maulid,* mms. Escorial 1545², ff. 29-34 および Berlin 9544, ff. 4-11 参照.

(11) Snouck Hurgronje, *Mecca,* p. 147 ; Fuchs, *EI,* III, 411.

(12) Rutter, 前掲書, II, 196-97（要約）.

(13) F. W. Hasluck, *Christianity and Islam under the Sultans,* Oxford : Clarendon Press, 1929, I, 113.

(14) Canaan, 前掲書, p. 284.

(15) *Journal of Hellenic Studies,* XXI（1901）, 203-4 ; Hasluck, 前掲書, I, 274-75.

(16) この祭りについては Canaan, 前掲書, pp. 193-214, 特に199-200, 212（詩が引用されている）参照. Ibn al-Hâjj については, I. Goldziher, *Zeitschrift des Deutschen Palaestina-Vereins,* XVII（1894）, 119-20 参照.

第5章

シーア派の雰囲気を知るには D. M. Donaldson, *The Shi'ite Religion,* London, Luzac & Co., 1933 がおそらく最も便利である.

同派の精神世界を知るための貴重な文献として R. Strothmann が *EI* に記している *Shî‘a* の項目が挙げられる. これは同氏による *Ta‘ziya* の項目と併せて参考にされたい.

英語で受難劇を記したものとしては, Sir L. Pelly, *The Miracle Play of Hasan and Husain,* London, 1879, 2 vols. が容易に入手できる（フランス語訳

(6) Goldziher, 前掲引用書，p. 308.
(7) Mez, 前掲書，p. 425.
(8) *Ihyâ,* I, 221；この後の引用はすべて Book VI, I, 221-228より.
(9) *EI,* IV, 194 (speaking of the Shâfi'ite law-school).
(10) Hujwîrî, 前掲書，p. 325.
(11) Rutter, 前掲書，II, 117-20（要約）.
(12) C. Snouck Hurgronje, *Mekka,* pp. 65, 66.
(13) Burton, 前掲書，I, 74-75.
(14) *Arabia of the Wahhabis,* London : Constable & Co., 1928, pp. 11-12.
(15) Lane, 前掲書，pp. 464；462-63；464.
(16) E. Sell, *The Faith of Islam,* 2nd ed., London : K. Paul, Trench, Trübner & Co., 1896, pp. 319-20.
(17) 注(15)に同じ.

第4章

総合的にイスラームの聖者を扱った研究はなく，またこれまで，スーフィズムに関する豊富な資料も組織立って提示されていない．預言者と聖者についての観念の発達に関する基礎的な研究が示された文献として，

T. Andrae, *Die Person Muhammeds in Lebre und Glauben seiner Gemeinde,* Stockholm, 1918.

Halle/S, M. Niemeyer, *Muhammedanische Studien,* 1888-90, II, 275-378の中の I. Goldziher, "Die Heiligenverehrung in Islam" がある．

特殊な地域に関する文献としては，T. Canaan, *Mohammedan Saints and Sanctuaries in Palestine,* London, Luzac & Co., 1927の重要な貢献を記さなければならない．

イスラームのおそらく神秘主義を知るために最も良い文献として，

R. A. Nicholson の特に *The Mystics of Islam,* London, G. Bell & Sons, Ltd., 1914, 彼の講義集 *The Idea of Personality in Sufism,* Cambridge, Cambridge University Press, 1923 と *Studies in Islamic Mysticism,* Cambridge, Cambridge University Press, 1921

がある．

Encyclopaedia of Islam は貴重な記事を提供しているが，特に *Walî* (Carra de Vaux), *Mawlid* (H. Fuchs), *Tasawwuf* および *Tarîka* (共に L. Massignon) が挙げられる．

(1) Nicholson, *Studies,* pp. 86, 87, 88.

(19) Rutter, 前掲書, I, 184.
(20) Lady Cobbold, 前掲書, pp. 237-38 参照.
(21) Lane, 前掲書, pp. 405, 406.
(22) I. Goldziher, *Revue de l'histoire des religions,* II (1880), 302 参照.
(23) Husn al-muhâdara, Cairo, 1299, II, 219.
(24) Batanûnî, 前掲書, p. 26と p. 24 ; trans. Wensinck, *EI,* II, 588.
(25) Ibn Jubair, *The Travels,* ed. W. Wright (2nd ed., revised by M. J. de Goeje) ; Leiden & London, 1907, pp. 132-35.
(26) Batanûnî, 前掲書, p. 158 ; Gaudefroy-Demombynes, 前掲書, pp. 222-24参照.
(27) *Ihyâ' 'ulûm ad-dîn* (宗教科学の復活), Bûlâq, 1289/1872, I, 252-58 (Book VII, ch. 3, sect. 2 ; 要約). 現代の見解については, たとえば *Al-Manâr* (燈台) XVI (1331/1913), 677-88 の中の, Muhammad Rashîda Ridâ (1865-1935) を参照.
(28) Hujwîrî, 前掲書, p. 326.
(29) 同上, p. 327.
(30) L. Massignon, *Al-Hallaj. Matyr mystique de l'Islam,* Paris : Geuthner, 1922, pp. 275-76.
(31) Hujwîrî, 前掲書, p. 327.

第3章

ラマダーンの断食に関する法的ならびに専門的情報は, *EI* の *Ramadân* (M. Plessner), Sha'bân (A. J. Wensinck) および *Sawm* (C. C. Berg) の項を通して容易に得られる.

Wensinck は Verbandelingen..., Afd. Letterkunde, N. R., XXV/$_2$ (1925) の中の彼の研究 "*Arabic New Year and the Feast of Tabernacles,*" で比較宗教の見地から我々のラマダーンの理解に大いに貢献した.

(1) Wensinck, *EI,* IV. 239.
(2) M. Plessner, *Handwörterbuch des Islam,* eds. A. J. Wensinck and J. H. Kramers, Leiden : E. J. Brill, 1941, p. 611.
(3) Lane, 前掲書, pp. 435, 436.
(4) A. Mez, *The Renaissance of Islam,* London : Luzac & Co., 1937, p. 426.
(5) Bêrûnî, *The Chronology of Ancient Nations,* trans. C. Edward Sachau, London : W. H. Allen & Co., 1879, p. 203.

めて重要である.

Muhammad Labîb al-Batanûnî, *ar-Rihla 'l-Hijâziyya*（ヒジャーズへの旅）. 2nd ed., Cairo : 1329/1911.

Ibrâhîm Rif'at Pasha, *Mir'ât al-haramain*（2つの聖なる都市の鏡）. Cairo : 1344/1925. 2 vols. 著者は3度にわたって巡礼の指揮官をつとめたことがある.

E. W. Laneの傑作 *An Account of the Manners and Customs of the Modern Egyptians.* London, New York and Melbourne : Ward, Lock & Co., 1890（多くの版がある）は，祭りの描写の正確さから，卓越している．同様のレベルの古典として，C. Snouck Hurgronje, *Mekka*（ドイツ語）, Haag : M. Nijhoff, 1888-89. 2 volsが挙げられる．第2巻のみJ. H. Monahanによって英訳され，*Mekka in the Later Part of the 19th Century,* Leiden : E. J. BrillおよびLondon ; Luzac & Co., 1931として出版されている.

F. Duguet, *Le pèlerinage de la Mecque au point de vue religieux, social et sanitaire.* Paris : Rieder, 1932は医学的見地から巡礼を考察したものである.

(1) Azraqî（没834あるいは837）．Wensinck, *Navel,* p. 18に引用．この後の引用は，同書のpp. 23, 28, 51およびp. 21.
(2) *EI*（*Encyclopaedia of Islam*）, III, 438.
(3) Lammens, 同上.
(4) Batanûnî, 前掲書，p. 48参照.
(5) Burckhardt, 前掲書，I, 188.
(6) Batanûnî, 前掲書，p. 90 ; *EI,* III, 390も参照.
(7) *Oriente Moderno*（Rome）, XII（1932）, 458, 506.
(8) Wensinck, *EI,* II, 591.
(9) これは主としてWencinckとRutterによって提示されている.
(10) Wavell, 前掲書，p. 130.
(11) *Travels,* ed and trans. C. Defrémery and B. R. Sanguinetti, Paris, 1853-58（4 vols.）, I, 305 ; Batanûnî, 前掲書，pp. 121-22.
(12) Wensinck, *Rites,* pp. 56-57, 特にp. 58とp. 73.
(13) Burton訳，前掲書，II, 139-40
(14) Imru'ulqais（ed. W. Ahlwardt, London, 1870）, 48, 58b.（Imru'ulqaisは500-540ごろ生存）.
(15) Rutter, 前掲書，I, 110.
(16) 同上，I, 158.
(17) Wensinck, *EI,* II, 198.
(18) *Oriente Moderno,* X（1930）, 84.

第2章

巡礼に関する最も広範囲に及ぶ研究として

C. Snouck Hurgronje, *Het Mekkaansche Feest,* Leiden, E. J. Brill, 1880.

M. Gaudefroy-Demombynes, *Le Pèlerinage à la Mekke. Étude d'histoire religieuse,* Paris, Geuthner, 1923.

が挙げられる．

オランダ人の研究者 A. J. Wensinck は個々の儀式の意味の解釈および，それらの儀式とセム族の他の宗教に見られる同様の儀式との関係について造詣が深い．彼の研究としては，*Verhandelingen der Koninklijke Akademie van Wetenschapen te Amsterdam,* Afdeeling Letterkunde, N. R., XVII/$_1$（1916）と XVIII/$_1$（1918）の中の

"The Ideas of the Western Semites Concerning the Navel of the Earth"

"Semitic Rites of Mourning and Religion. Studies on their Origin and Mutual Relations"

があり，*Encyclopaedia of Islam*（特に Hadjdj, Ka'ba と Masdjid al-Haram の項目）と共に，最高の価値を有する．

また H. Lammens のメッカに関するいくつかの研究論文（*Encyclopaedia* の中のメッカについての記述を含めて）も同様の価値がある．

Wensinck の論文は，W. Robertson Smith が発表した *Lectures on the Religion of the Semites,* 3rd ed., by S. A. Cook, London ; A. & C. Black, 1927（巡礼についての記述は少ない），および J. Wellhausen, *Reste arabischen Heidentums,* 2nd ed., Berlin, G. Reimer, 1897 の中の重要なハッジュについての章を，大いに補うと同時に，ときには訂正もしている．

メッカについては旅行者たちによる優れた報告があり，それらは英語で入手が容易であるし，巡礼についてのほぼ完璧な記述が見られるので，次に記す．

J. L. Burckhardt, *Travels in Arabia.* London, 1829. 2 vols.

Sir R. F. Burton, *Personal Narrative of a Pilgrimage to al-Madineh and Meccah.* Memorial Edition, London : Tylston & Edwards, 1893. 2 vols.（数多くの版あり．）

A. J. B. Wavell, *A Modern Pilgrim in Mecca and a Siege in Sanaa.* London : Constable & Co., 1913.

E. Rutter, *The Holy Cities of Arabia.* London, New York : G. P. Puntnam's Sons, 1928. 2 vols.

Lady Evelyn Cobbold, *Pilgrimage to Mecca.* London : John Murray, 1934 は比較的近年のものとして興味深い．

エジプトのイスラーム信者によって書かれた次の2点（アラビア語）はきわ

注および参考文献

第1章

イスラームの背景，教理および歴史について知るための英語で記された文献として，次のものがもっとも参考になるだろう．

H. A. R. Gibb, *Mohammendanism. A Historical Survey.* Oxford University Press, Geoffrey Cumberlege, London, New York, Toronto, 1949（Home University Library, vol. 197）.

P. K. Hitti, *History of the Arabs.* London : Macmillan Co., 4th ed., 1949.

H. Lammens, *Islam : Beliefs and Institutions.* London : Methuen & Co., 1929.

G. E. von Grunebaum, *Medieval Islam. A Study in Cultural Orientation.* Chicago : Chicago University Press. 2nd printing, 1947.

T. Andrae, *Mohammed. The Man and His Faith.* London : George Allen and Unwin Ltd., 1936 は，預言者ムハンマドの興味深く，優れた伝記である．

Encyclopaedia of Islam, Leiden : E. J. Brill, 1913-1938（4 vols.＋補遺）は記述の大部分が単独の研究の成果で，それゆえにきわめて価値が高い．

『コーラン』の引用は，主として R. Bell 訳，*The Qur'ân.* Edinburgh : T. & T. Clark, 1937-39から．

(1) Gibb，前掲書，pp. 62-63.

(2) E. E. Calverley, *Worship in Islam.*（Ghazzâlî, *Ihyâ' 'ulûm ad-dîn,* Bk. IV の翻訳）Madras, etc. : The Christian Literature Society of India, 1925, p. 47.

(3) Hujwîrî, *Kashf al-Mahjûb*（スーフィズムに関するペルシア語による最も古い論文）R. A. Nicholson 訳，Leiden : E. J. Brill ; London : Luzac & Co., 1911, p. 300.

(4) Calverley, 前掲書 p. 118.

(5) Hujwîrî, pp. 302-303 ; 303.

ワ　行

ヤ　行

ラ　行

マ　行

夕　行

ナ　行

ハ　行

カ　行

索　引

ア　行

イスラーム文化叢書　5

イスラームの祭り

発行　2002年 6 月25日　　初版第 1 刷
　　　2014年 5 月20日　　　第 3 刷

著　者　グスタフ・E. フォン・グルーネバウム
監訳者　嶋本隆光
訳　者　伊吹寛子
発行所　一般財団法人 法政大学出版局
〒102-0071 東京都千代田区富士見 2-17-1
電話 03（5214）5540／振替 00160-6-95814
製版・印刷：三和印刷
製本：積信堂

ISBN 978-4-588-23805-5
Printed in Japan

著　者

グスタフ・E. フォン・グルーネバウム
(Gustav E. von Grunebaum)

1909年，オーストリアに生まれる．ウィーンならびにベルリンの大学でギリシア語，ラテン語，アラビア語，ペルシア語，トルコ語およびその他の中東の言語と文化を学ぶ．1937年，アラビア語に関する処女作を発表し，その1年後の1938年，ニューヨークのアジア研究所に教授として招かれ，アメリカに移住する．シカゴ大学東洋研究所在職中の1951年に本書 *Muhammadan Festivals* を発表した．1957年，カリフォルニア大学ロサンジェルス校（UCLA）に近東研究センターを設立するために招かれて以来，同センターの理事として活動し，1972年，同地で没した．*Medieval Islam : A Study in Cultural Orientation* をはじめ，多数の著書がある．

監訳者

嶋本隆光（しまもと たかみつ）

1951年に生まれる．大阪外国語大学ペルシア語学科卒業．UCLA 歴史学科大学院修了．現在，大阪大学教授．著書に，『シーア派イスラーム——神話と歴史』（京都大学学術出版会），『イスラーム革命の精神』（京都大学学術出版会），片倉もとこ編『人々のイスラーム——その学際的研究』（共著，日本放送出版協会），「宗教学者の権威の確立とイランの近代——二つの革命の底流」『岩波講座　世界歴史21　イスラーム世界とアフリカ』（岩波書店），『イスラームを学ぶ人のために』（共著，世界思想社），『イスラームの商法と婚姻法——ボルージェルディー「諸問題の解説」翻訳と解説』（大阪外国語大学学術研究叢書28），その他，イランのイスラームに関する論文多数がある．

訳　者

伊吹寛子（いぶき ひろこ）

1942年，上海に生まれる．1964年，神戸女学院大学文学部英文学科卒業．訳書に，J. ミルスキー『考古学探検家スタイン伝』上・下（共訳，六興出版，1984），Th. ハンセン『幸福のアラビア探検記』（六興出版，1987），ニールソン・C. デベボイス『パルティアの歴史』（共訳，山川出版社，1993）がある．